从零学
汽车维修
一本通

周晓飞 主编

 化学工业出版社

·北京·

内容简介

《从零学汽车维修一本通》是为汽车维修人员特别是零基础的从业人员精心打造的一本汽车维修类图书，从构思到成书努力站在读者的角度，使没有任何经验的新手也可以轻松入门。本书的特点是言简意赅，将初学者需要必备的理论知识与实操技能在不大的篇幅中进行了必要的讲解，另外还配有视频，使具体操作步骤一目了然，便于读者快速掌握。

本书讲解了汽车的基本操作，汽车维修工具和设备的使用方法，汽车维修过程中涉及的主要零部件及其维修操作方法，同时对制冷剂和油液的有关操作也进行了必要的讲解，最后一章特别介绍了汽车电路与电路图。每一部分的内容既相互关联又自成体系，方便读者利用零散时间学习。本书可供汽车维修一线人员自学使用，也可供大中专院校师生和培训机构作为教材使用，还可供广大汽车消费者、汽车保险从业人员、汽车营销从业人员以及职业汽车驾驶员参考使用。

图书在版编目（CIP）数据

从零学汽车维修一本通 / 周晓飞主编. —北京：化学工业出版社，2021.7（2024.11重印）
ISBN 978-7-122-39026-4

Ⅰ.①从… Ⅱ.①周… Ⅲ.①汽车-车辆修理 Ⅳ.①U472.4

中国版本图书馆CIP数据核字（2021）第078506号

责任编辑：黄 滢　张燕文　　　　装帧设计：王晓宇
责任校对：边　涛

出版发行：化学工业出版社（北京市东城区青年湖南街13号　邮政编码100011）
印　　装：北京天宇星印刷厂
850mm×1168mm　1/32　印张8½　字数238千字
2024年11月北京第1版第3次印刷

购书咨询：010-64518888　　　　　售后服务：010-64518899
网　　址：http://www.cip.com.cn
凡购买本书，如有缺损质量问题，本社销售中心负责调换。

定　　价：49.80元　　　　　　　　　　　　版权所有　违者必究

前言

近年来,汽车维修市场不断壮大,从业人员的数量也越来越多,但由于各种原因,很多从业者都是零基础的。为了使这些零基础的汽车维修人员能够在尽量短的时间内熟悉汽车维修的基本流程,掌握汽车维修的基本技巧,并能为今后的技能提升打下良好的基础,特编写了《从零学汽车维修一本通》。

本书从初学者的视角出发,围绕汽车的维修项目进行了必要的讲解,没有复杂的理论,而是结合实际操作的需要,对汽车维修中的必备技能进行了较为系统的介绍。通过阅读学习,初学者可以很快上手,进而在实际操作的过程中不断提高自身的技能。

本书从认识汽车开始,讲解了汽车的基本操作,以及汽车维修工具和设备的使用方法,进而介绍了汽车维修过程中经常要进行检查、保养、修理、更换的重要零部件及其维修操作方法,涉及蓄电池、火花塞、节气门、制动盘、制动片、制动钳、制动泵、真空助力器、轮速传感器、电磁阀、起动机、发电机、燃油泵、燃油压力调节器、燃油油位传感器、氧传感器、正时机构、空调器、减振器、转向机、轮胎、发动机、变速器等,同时对制冷剂、油液的有关操作也进行了必要讲解。本书最后特别介绍了汽车电路与电路图,使读者能够更加全面地掌握汽车维修技能。

本书分为18章,每一章的内容既自成体系,又有机地联系在一起,每一部分的篇幅都不大,言简意赅,很适合读者利用零星时间进行学习。本书可供汽车维修一线人员自学使用,也可供大中专院校师生和培训机构作为教材使用,还可供广大汽车消费者、汽车保险从业人员、汽车营销从业人员以及职业汽车驾驶员参考使用。

本书由周晓飞主编,同时参加编写的还有赵朋、李新亮、李飞霞、董晓龙、王立飞、温云、彭飞等。在编写过程中参考了一些与汽车维修相关的资料,在此对其作者表示衷心的感谢!

限于编者的水平,书中不足之处在所难免,敬请读者批评指正。

编者

目录

第1章 零起步认汽车

- 1.1 从外部看汽车 ········· 001
  - 1.1.1 汽车外观 ········· 001
  - 1.1.2 车厢内部 ········· 002
- 1.2 打开车门看汽车 ········· 003
  - 1.2.1 从右侧看车内部 ········· 003
  - 1.2.2 从后排看车内部 ········· 003
- 1.3 打开机舱看汽车 ········· 004
  - 1.3.1 打开机舱 ········· 004
  - 1.3.2 机舱内 ········· 005
- 1.4 打开行李厢看汽车 ········· 006
  - 1.4.1 打开行李厢 ········· 006
  - 1.4.2 行李厢内 ········· 006
- 1.5 举升机下看汽车 ········· 007
- 1.6 从总成到零部件看汽车 ········· 008
  - 1.6.1 汽车总体布局 ········· 008
  - 1.6.2 汽车骨架（车身） ········· 008
  - 1.6.3 发动机 ········· 008
  - 1.6.4 变速器及动力传动系统 ········· 010
  - 1.6.5 底盘 ········· 012
  - 1.6.6 电气布局 ········· 012
- 1.7 从规格及参数看汽车 ········· 017
  - 1.7.1 车身尺寸 ········· 017
  - 1.7.2 术语和参数 ········· 017

第 2 章 汽车操控

2.1 转向盘位置调整 ··· 019
2.1.1 手动调节转向盘 ··· 019
2.1.2 电动调节转向盘 ··· 020
2.2 组合开关 ··· 021
2.2.1 车灯组合开关 ··· 021
2.2.2 雨刷开关 ··· 026
2.2.3 车窗及后视镜组合开关 ··· 027
2.2.4 天窗开关 ··· 028
2.2.5 转向盘上的组合开关 ··· 029
2.3 仪表台上的操控机关 ··· 032
2.3.1 前大灯调节器 ··· 032
2.3.2 车内后视镜 ··· 032
2.4 挡位操控 ··· 033
2.4.1 自动变速器挡位操控 ··· 033
2.4.2 混合动力汽车挡位操控 ··· 036
2.4.3 手动变速器挡位操控 ··· 038
2.5 座椅操控 ··· 039
2.5.1 电动座椅 ··· 039
2.5.2 手动座椅 ··· 040
2.6 钥匙及门锁操控 ··· 041
2.6.1 电子智能钥匙 ··· 041
2.6.2 门锁 ··· 045

目录

第 3 章　汽车维修工具及设备的使用

- 3.1　基本工具 …………………………………………………… 046
  - 3.1.1　工具套组 ……………………………………………… 046
  - 3.1.2　棘轮扳手组合 ………………………………………… 047
  - 3.1.3　两用扳手 ……………………………………………… 049
  - 3.1.4　棘轮梅花扳手 ………………………………………… 050
  - 3.1.5　米字扳手 ……………………………………………… 050
  - 3.1.6　旋柄组合 ……………………………………………… 051
  - 3.1.7　斜口钳 ………………………………………………… 052
  - 3.1.8　卡簧钳 ………………………………………………… 052
  - 3.1.9　机油滤清器扳手 ……………………………………… 053
  - 3.1.10　电动扳手 …………………………………………… 054
  - 3.1.11　铆钉拆卸钳 ………………………………………… 055
- 3.2　专用工具 …………………………………………………… 055
  - 3.2.1　力矩扳手 ……………………………………………… 055
  - 3.2.2　拉具 …………………………………………………… 056
  - 3.2.3　减振器拆装工具 ……………………………………… 057
  - 3.2.4　弹簧钳 ………………………………………………… 057
  - 3.2.5　卡箍钳 ………………………………………………… 058
  - 3.2.6　球形万向节压出器 …………………………………… 059
  - 3.2.7　气门油封起拔器 ……………………………………… 059
  - 3.2.8　气门油封钳子 ………………………………………… 060

3.2.9	气门油封推杆	060
3.2.10	气门弹簧压缩器	061
3.2.11	活塞环安装工具	061
3.2.12	燃油压力表	062
3.2.13	燃油泵扳手	062
3.2.14	喷油器拔出器	063
3.2.15	冰点测试仪	063
3.2.16	制动分泵回位调节器	064
3.2.17	发电机带轮拆装工具	065
3.2.18	氧传感器梅花扳手	065

3.3 大型设备 ⋯⋯ 066
  3.3.1 发动机吊架 ⋯⋯ 066
  3.3.2 举升机 ⋯⋯ 066
  3.3.3 发动机大修作业台 ⋯⋯ 067
  3.3.4 压力机 ⋯⋯ 068

3.4 测量工具 ⋯⋯ 069
  3.4.1 游标卡尺 ⋯⋯ 069
  3.4.2 量缸表组合 ⋯⋯ 069
  3.4.3 数字万用表 ⋯⋯ 073
  3.4.4 钳形表 ⋯⋯ 076

第 4 章　汽车直观检查与保养

4.1 直观检查 ⋯⋯ 077

目录

4.1.1　外观检查 ……………………………… 077
4.1.2　"三液"检查 …………………………… 079
4.1.3　皮带检查 ……………………………… 081
4.1.4　制动盘和制动摩擦片检查 …………… 082
4.1.5　轮胎检查 ……………………………… 084
4.2　蓄电池检测 ……………………………… 085
4.2.1　检测工具 ……………………………… 085
4.2.2　检测方法 ……………………………… 085
4.3　汽车保养 ………………………………… 087
4.3.1　保养项目 ……………………………… 087
4.3.2　操作流程 ……………………………… 092

第5章　火花塞拆装与检修

5.1　必备常识 ………………………………… 101
5.1.1　火花塞电极 …………………………… 101
5.1.2　火花塞电晕 …………………………… 103
5.1.3　火花塞更换周期 ……………………… 103
5.2　拆装工具 ………………………………… 104
5.3　操作程序及手法 ………………………… 104
5.4　检查和故障判断 ………………………… 107
5.4.1　检测火花塞电阻 ……………………… 107
5.4.2　根据火花塞状态判断故障 …………… 108
5.4.3　火花塞不跳火故障诊断 ……………… 110

第6章 节气门清洗与检修

- 6.1 必备常识 ………………………………………… 113
  - 6.1.1 电子节气门控制 ………………………………… 113
  - 6.1.2 节气门位置传感器 ……………………………… 113
- 6.2 操作程序及手法 ………………………………… 116
- 6.3 检查和故障判断 ………………………………… 117
  - 6.3.1 节气门总成故障诊断 …………………………… 117
  - 6.3.2 节气门性能故障诊断 …………………………… 119

第7章 制动系统拆装与检修

- 7.1 必备常识 ………………………………………… 121
  - 7.1.1 制动系统 ………………………………………… 121
  - 7.1.2 ABS制动系统 …………………………………… 122
  - 7.1.3 辅助制动系统 …………………………………… 123
- 7.2 操作程序及手法 ………………………………… 125
  - 7.2.1 制动总泵和真空助力器 ………………………… 125
  - 7.2.2 ABS泵 …………………………………………… 126
  - 7.2.3 制动片 …………………………………………… 128
  - 7.2.4 制动钳 …………………………………………… 130
- 7.3 检查和故障判断 ………………………………… 131
  - 7.3.1 制动钳的检查 …………………………………… 131

目 录

7.3.2 制动盘的检查 ……………………………… 131
7.3.3 制动系统常见故障原因分析 ……………… 132
7.3.4 轮速传感器故障诊断 …………………… 133
7.3.5 真空助力器故障诊断 …………………… 134
7.3.6 电磁阀故障诊断 ………………………… 135
7.3.7 制动灯开关故障诊断 …………………… 135

第 8 章　起动机拆装与检修

8.1 必备常识 ……………………………………… 136
　8.1.1 起动机接线端子 ………………………… 136
　8.1.2 启动过程 ………………………………… 137
　8.1.3 启停系统 ………………………………… 138
8.2 操作程序及手法 ……………………………… 138
　8.2.1 起动机的拆卸与分解 …………………… 138
　8.2.2 起动机保养 ……………………………… 139
　8.2.3 拆卸起动机电磁开关 …………………… 140
　8.2.4 检查电刷 ………………………………… 141
8.3 检查和故障判断 ……………………………… 142
　8.3.1 对影响启动的装置的检查 ……………… 142
　8.3.2 电磁开关的检查 ………………………… 142
　8.3.3 起动机性能测试 ………………………… 144
　8.3.4 起动机电路 ……………………………… 146

第9章　发电机拆装与检修

9.1 必备常识 ……………………………………… 148
 9.1.1 交流发电机 …………………………… 148
 9.1.2 发电机调节器 ………………………… 149
 9.1.3 发电机端子 …………………………… 149
 9.1.4 充电系统警告灯 ……………………… 150
9.2 操作程序及手法 ………………………………… 150
9.3 检查和故障判断 ………………………………… 152
 9.3.1 发动机就车检查 ……………………… 152
 9.3.2 发电机部件检查 ……………………… 153
 9.3.3 发电机电路 …………………………… 154

第10章　燃油泵拆装与检修

10.1 必备常识 ……………………………………… 157
 10.1.1 燃油泵总成 ………………………… 157
 10.1.2 燃油压力调节器总成 ……………… 157
 10.1.3 燃油油位传感器总成 ……………… 158
10.2 操作程序及手法 ……………………………… 159
 10.2.1 拆卸快速接头 ……………………… 159
 10.2.2 更换燃油泵 ………………………… 159
10.3 检查和故障判断 ……………………………… 161

目录

第11章 氧传感器拆装与检测

11.1 必备常识 …… 163
- 11.1.1 氧传感器结构 …… 163
- 11.1.2 前氧传感器 …… 163
- 11.1.3 后氧传感器 …… 165
- 11.1.4 宽域氧传感器 …… 165
- 11.1.5 开环 …… 166
- 11.1.6 闭环 …… 166

11.2 操作程序及手法 …… 167

11.3 检查和故障判断 …… 168
- 11.3.1 氧传感器接线 …… 168
- 11.3.2 识别氧传感器加热线 …… 169
- 11.3.3 判断氧传感器加热线的正负 …… 170
- 11.3.4 判断氧传感器信号线的正负 …… 171
- 11.3.5 判断氧传感器故障 …… 172
- 11.3.6 宽域氧传感器接线 …… 174

第12章 正时拆装与校对

12.1 必备常识 …… 176
- 12.1.1 配气正时 …… 176
- 12.1.2 可变正时 …… 176

12.1.3 配气机构 …………………………………………… 178
12.2 拆装工具 ……………………………………………… 178
12.3 操作程序及手法 ……………………………………… 179
　12.3.1 单凸轮轴正时校对 …………………………… 180
　12.3.2 双凸轮轴正时校对 …………………………… 180
12.4 检查和故障判断 ……………………………………… 181
　12.4.1 正时机构故障诊断 …………………………… 181
　12.4.2 电气故障诊断 ………………………………… 182

第13章 空调拆装与检测

13.1 必备常识 ……………………………………………… 183
　13.1.1 空调系统组成 ………………………………… 183
　13.1.2 空调制冷循环 ………………………………… 183
　13.1.3 空调操控和送风 ……………………………… 186
13.2 检测设备与仪表 ……………………………………… 187
13.3 操作程序及手法 ……………………………………… 189
　13.3.1 高压端加注制冷剂 …………………………… 189
　13.3.2 低压端加注制冷剂 …………………………… 190
　13.3.3 加注冷冻油 …………………………………… 191
　13.3.4 更换膨胀阀 …………………………………… 192
13.4 检查和故障判断 ……………………………………… 194

目录

第14章 减振器拆装与检修

14.1 必备常识 ································· 199
  14.1.1 麦弗逊式独立悬架 ····················· 199
  14.1.2 螺旋弹簧式非独立悬架 ················· 200
  14.1.3 梯形连杆式悬架 ······················· 200
  14.1.4 空气悬架 ····························· 201
14.2 操作程序及手法 ····························· 202
  14.2.1 拆卸前减振器 ························· 202
  14.2.2 拆卸后减振器 ························· 205
14.3 检查和故障判断 ····························· 205

第15章 转向系统拆装与检修

15.1 必备常识 ································· 207
  15.1.1 电子助力转向系统类型 ················· 207
  15.1.2 电子助力转向系统组成 ················· 208
  15.1.3 电子助力转向控制 ····················· 208
15.2 操作程序及手法 ····························· 209
  15.2.1 拆装转向机 ··························· 209
  15.2.2 更换转向机拉杆 ······················· 210
15.3 检查和故障判断 ····························· 212

第16章 轴承拆装与检修

16.1 操作程序及手法 ·········· 215
16.2 检查和故障判断 ·········· 216
  16.2.1 车轮轴承异响判断 ·········· 216
  16.2.2 车轮轮胎噪声判断 ·········· 217

第17章 机械分解与检修

17.1 发动机分解与检修 ·········· 218
  17.1.1 需要分解发动机的情况 ·········· 218
  17.1.2 发动机内液体的循环 ·········· 218
  17.1.3 操作程序及手法 ·········· 221
  17.1.4 检查和故障判断 ·········· 222
17.2 变速器分解与检修 ·········· 223
  17.2.1 操作程序及手法 ·········· 223
  17.2.2 检查和故障判断 ·········· 225

第18章 电路与电路图

18.1 电路常识与符号 ·········· 228
  18.1.1 电路常识 ·········· 228
  18.1.2 常用符号 ·········· 230
18.2 电路图识读 ·········· 232

目录

18.2.1 汽车电路图识读方法 …………………………… 232
18.2.2 汽车电路图识读步骤 …………………………… 232
18.2.3 汽车电路图识读实例 …………………………… 235
18.3 整车电路布局 ………………………………………… 238
18.3.1 线路布局和通信方式 …………………………… 238
18.3.2 线路组成 ……………………………………… 239
18.4 电路检查 …………………………………………… 244
18.4.1 认识网络总线 ………………………………… 244
18.4.2 电气连接检查 ………………………………… 248
18.4.3 电路检查项目与方法 …………………………… 249

参考文献 ……………………………………………………… 256

第1章 零起步认汽车

1.1 从外部看汽车

1.1.1 汽车外观

图 1-1 所示为轿车外观。

图 1-1

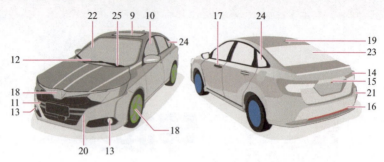

图 1-1 轿车外观

1—行李厢（后备厢）盖；2—机舱盖；3—组合大灯；4—车轮；5—车门；6—加油口盖；7—电动外后视镜；8—充电口盖（仅电动汽车有）；9—天窗；10—车窗；11—中网格栅；12—雨刷；13—雾灯；14—尾灯；15—牌照灯；16—后保险杠灯；17—门把手；18—车标；19—天线；20—前保险杠；21—后保险杠；22—前挡风玻璃；23—后挡风玻璃；24—三角窗玻璃；25—车辆识别代号 VIN 位置（车架号，即汽车的"身份证号"）

1.1.2 车厢内部

图 1-2 所示为车厢内部。

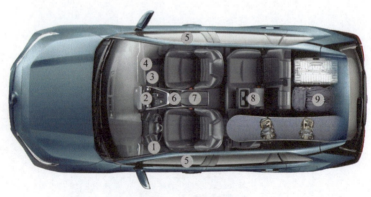

图 1-2 车厢内部

1—驾驶席托盘；2—中央托盘；3—手套箱；4—副驾驶席托盘；5—前门储物格；6—前排杯架；7—中央扶手箱；8—后排中央扶手架；9—行李厢

1.2 打开车门看汽车

1.2.1 从右侧看车内部

图 1-3 所示为从右侧看车内部。

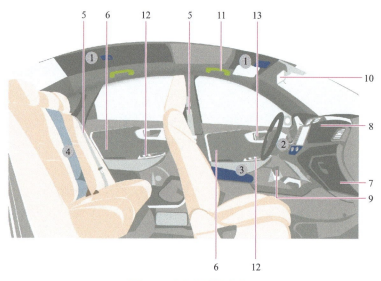

图 1-3 从右侧看车内部

1—车顶及车内照明灯；2—转向盘；3—扶手箱；4—后排座椅及后扶手台；5—安全带；6—门内饰板；7—杂物箱；8—仪表台；9—挡把；10—车内后视镜；11—扶手；12—车窗按钮；13—车门内拉手开关

1.2.2 从后排看车内部

图 1-4 所示为从后排看车内部。

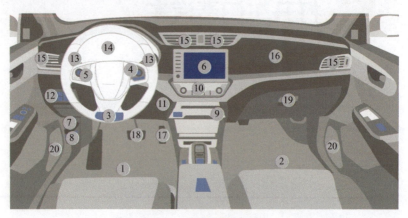

图 1-4　从后排看车内部

1—驾驶室；2—副驾驶室；3—转向盘；4—ACC 自动巡航按钮及其他辅助系统按钮；5—车载蓝牙及其他功能按钮；6—多媒体及显示屏（收音机）；7—燃油箱盖开关；8—行李厢（后备厢）盖开关；9—USB 端口；10—空调面板；11——键启动按钮；12—大灯调节按钮及其他车辆辅助系统按钮；13—组合开关；14—组合仪表；15—出风口；16—仪表台；17—加速踏板；18—制动踏板；19—杂物箱扣手开关；20—车门上的喇叭

1.3　打开机舱看汽车

1.3.1　打开机舱

拉起机舱盖开关（图 1-5），脱开机舱盖锁（图 1-6），使用手柄从卡夹上取下撑杆，将撑杆撑在机舱盖内（图 1-7）。

第 1 章　零起步认汽车

图 1-5　拉起机舱盖开关

图 1-6　脱开机舱盖锁

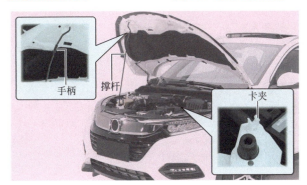

图 1-7　撑起机舱盖

1.3.2　机舱内

发动机机舱内部件如图 1-8 所示。

图 1-8　发动机机舱内部件

扫一扫

视频精讲

005

1.4 打开行李厢看汽车

1.4.1 打开行李厢

拉起仪表板左下角下方的（有些车辆安装在驾驶室左手侧其他位置）行李厢盖开关（或使用行李厢按钮，或使用遥控器），打开行李厢（图1-9）。

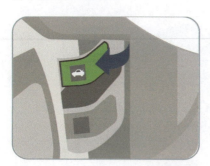

图1-9　打开行李厢

1.4.2 行李厢内

如图1-10所示，行李厢内一般有随车工具和备胎等。

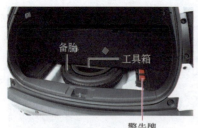

图1-10　行李厢内

如图 1-11 所示，有些车辆蓄电池和接线盒会装在行李厢内，掀开行李厢饰板可以看到。

图 1-11　行李厢内蓄电池安装位置

1.5　举升机下看汽车

如图 1-12 所示，车辆举起后，可以直观地看到底盘各部件及布局，以及发动机及排气管等部件。

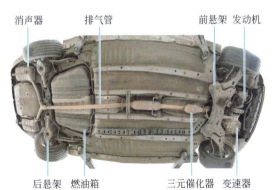

图 1-12　汽车底部

1.6 从总成到零部件看汽车

1.6.1 汽车总体布局

汽车总体布局如图 1-13 所示。

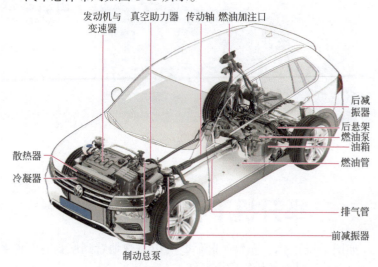

图 1-13　汽车总体布局

1.6.2 汽车骨架（车身）

图 1-14 所示为汽车骨架（车身），各种颜色代表着不同的材料，除保险杠，其他均为金属材料。

1.6.3 发动机

（1）发动机总成

如图 1-15 所示，发动机总成由机体、曲柄连杆机构、配气机构、燃油供给系统、冷却系统、润滑系统、点火系统（汽油发动机采用）、启动系统等组成。

图 1-14　汽车骨架（车身）

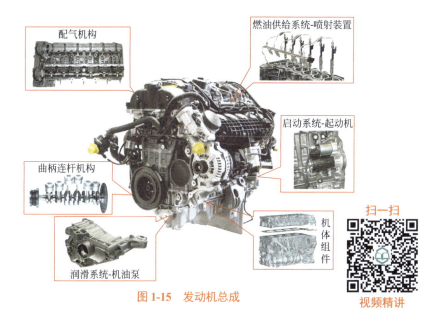

图 1-15　发动机总成

扫一扫

视频精讲

(2) 发动机零部件

图1-16示出了发动机零部件。

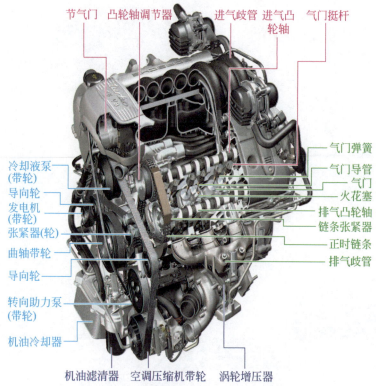

图1-16　发动机零部件

1.6.4　变速器及动力传动系统

如图1-17所示，变速器主要由液力变矩器、行星齿轮机构、电子液压控制系统等组成。其换挡执行元件主要包括行星齿轮机构、离合器、制动器、输入轴和输出轴。

发动机动力传动系统如图1-18所示。

第1章 零起步认汽车

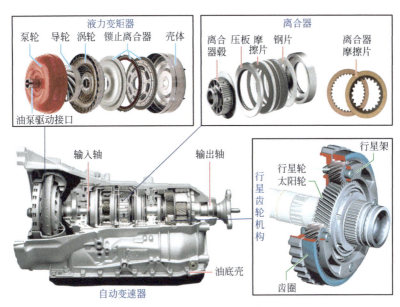

图 1-17 变速器及其主要部件

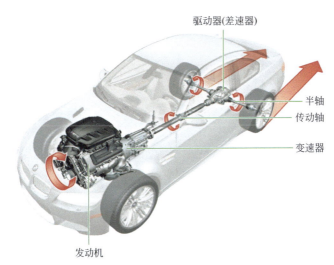

图 1-18 动力传动系统

1.6.5 底盘

底盘布局如图 1-19 所示。

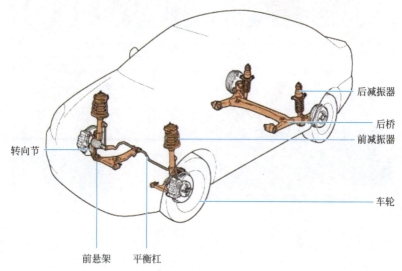

图 1-19 底盘布局

1.6.6 电气布局

（1）熔丝及继电器盒　熔丝及继电器盒常见位置如图 1-20 所示。

（2）组合仪表　图 1-21 所示为组合仪表，表 1-1 列出了组合仪表上的指示灯。

> **画重点**
>
> 启动发动机后，这些指示灯点亮，表示正在进行系统检查。数秒后，这些指示灯将熄灭。

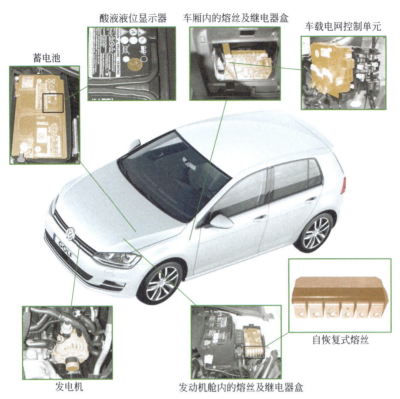

图 1-20　保险盒及继电器盒常见位置

图 1-21　组合仪表

表 1-1　组合仪表上的指示灯

分类	图示	说明
功能指示灯		驻车制动和制动系统指示灯
		自动制动保持系统指示灯
		自动制动保持指示灯
		挡位指示灯
		升挡指示灯
		降挡指示灯
		M（7速手动换挡模式）指示灯/换挡指示灯
		转向信号和危险警告指示灯
		远光指示灯
		点灯指示灯
		前雾灯指示灯
		后雾灯指示灯

续表

分类	图示	说明
功能指示灯		自动远光指示灯
		ECON 模式指示灯
		定速巡航主指示灯
		巡航控制指示灯
		车道偏移抑制系统指示灯
		碰撞缓解制动系统（CMBS）指示灯
		防盗启动锁止系统指示灯 防盗系统报警指示灯
		发动机节能自动启停运行指示灯
		发动机节能自动启停系统指示灯
		带低速前车跟随系统的 ACC（主动巡航控制系统）指示灯
		带低速前车跟随系统的 ACC（主动巡航控制系统）指示灯
		车道保持辅助系统（LKAS）指示灯

续表

分类	图示	说明
功能指示灯	 LKAS	车道保持辅助系统（LKAS）指示灯
警告指示灯		驻车制动和制动系统指示灯
		低机油压力指示灯
		发动机故障指示灯
		充电系统指示灯
		变速器系统指示灯
		安全带提醒指示灯
		低燃油指示灯
	 ABS	防抱死制动系统（ABS）指示灯
		辅助保护系统指示灯
		车辆稳定性辅助（VSA）系统指示灯
	 OFF	车辆稳定性辅助（VSA）关闭指示灯
		电子助力转向系统（EPS）指示灯

1.7 从规格及参数看汽车

1.7.1 车身尺寸

车身尺寸如图 1-22 所示。

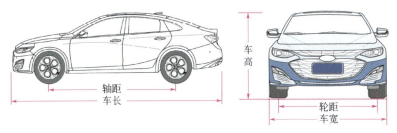

图 1-22 车身尺寸

1.7.2 术语和参数

发动机术语和参数如图 1-23 所示。

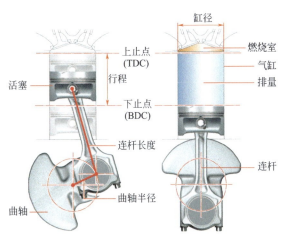

图 1-23 发动机术语和参数

> **画重点**
>
> 气缸的排量是活塞从上止点移动到下止点所通过的空间容积。我们通常说的是发动机总排量,即所有气缸的排量之和。

第 2 章 汽车操控

2.1 转向盘位置调整

2.1.1 手动调节转向盘

手动调节转向盘如图 2-1 所示。调节转向盘高度和距身体的距离。可以通过上移、下移、前推、后拉，将转向盘调整到合适位置。调节后，向下推转向盘调节杆，锁止转向盘。

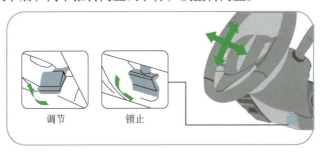

图 2-1

图 2-1　手动调节转向盘

2.1.2　电动调节转向盘

电源模式处于 ON 时才可调节转向盘。如图 2-2 所示，向上、下、前、后操作电动开关，可调节转向盘的角度或轴向位置。

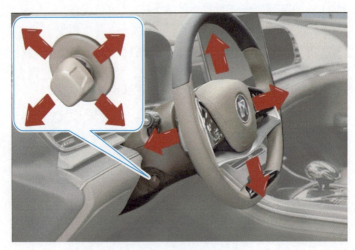

图 2-2　电动调节转向盘

> **小提示**
>
> 调节转向盘后,需上下移动以确认转向盘被牢固锁定。仅在车辆停止时调节转向盘。切勿在驾驶过程中调节转向盘位置,否则可能会导致车辆失控。

2.2 组合开关

2.2.1 车灯组合开关

(1)车灯组合开关功能配置 一般根据车型配置而定,但转向、大灯、小灯等基本功能开关都一样。有些车配置了远近光智能切换系统,自然同时配有相应的开关,但有些车可能就没有此功能。图 2-3 和图 2-4 所示为两个不同车系的组合开关。

图 2-3 中,车灯组合开关末端旋钮转到 OFF 挡,所有灯光都关闭。

图 2-4 中,车灯组合开关末端旋钮转到 🅾 挡,所有灯光都关闭。

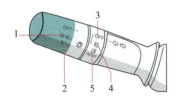

图 2-3 车灯组合开关(一)

1—小灯开关;2—大灯开关;3—关闭;
4—前雾灯开关;5—后雾灯开关

图 2-4 车灯组合开关(二)

1—关闭;2—自动灯开关;
3—全天候灯开关

(2)车灯组合开关操控 根据驾驶环境需要,按车灯组合开关上的各种模式,打开或关闭相应车灯(表 2-1)。

表 2-1 车灯组合开关操控

图示	功能模式		操控说明
	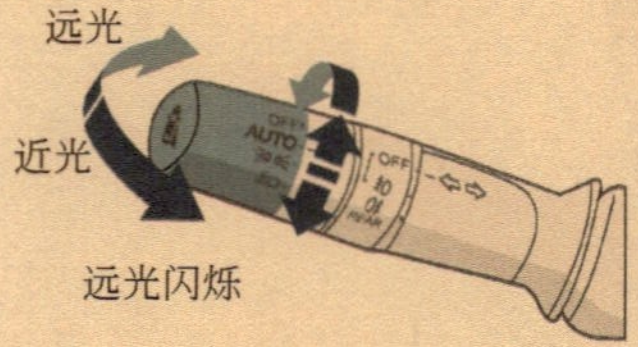  自动灯	AUTO 或  ⟨图标⟩	车灯组合开关末端旋转到 AUTO 位置，控制单元采光照强度传感器的亮度值，自动控制小灯和近光灯的开启或关闭
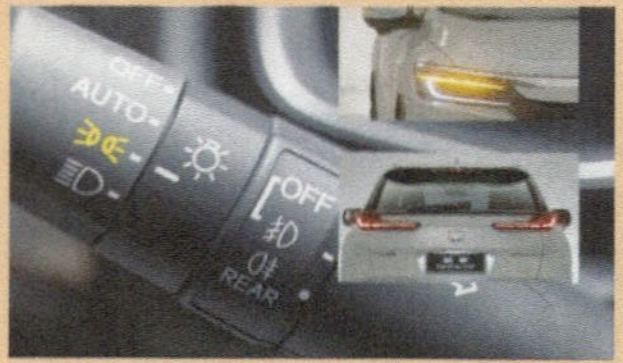	小灯	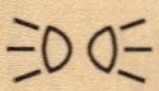 ⟨图标⟩	车灯组合开关末端旋转到 ⟨图标⟩ 位置，小灯开启，即打开手位置灯、尾灯和后牌照灯
	前大灯的近光灯	 ⟨图标⟩	车灯组合开关末端旋转到 ⟨图标⟩ 位置，近光灯开启。同时，打开前大灯、位置灯、尾灯和后牌照灯

远光　近光　远光闪烁

续表

图示	功能模式		操控说明
	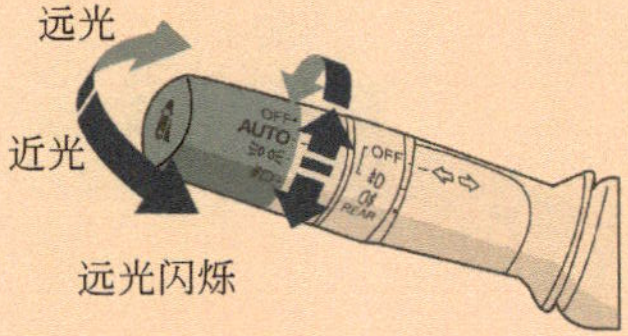  前大灯的远光灯	 ☰🔅	车灯组合开关末端旋钮旋转到 ☰🔅 位置，车灯组合开关控制杆向下推压（远离转向盘），远光灯开启，再次向下推压车灯组合开关控制杆，远光灯关闭
	远光闪烁	 ☰🔅	将车灯组合开关控制杆向上提拉，然后松开
	转向灯	向上推车灯组合开关控制杆，右转向灯及仪表转向指示灯同时开始闪烁
			向下拉车灯组合开关控制杆，左转向灯及仪表转向指示灯同时开始闪烁
			轻轻地向上或向下推拉车灯组合开关控制杆并松开时，转向信号将闪烁 3 次

远光 近光

远光闪烁

023

续表

图示		功能模式		操控说明
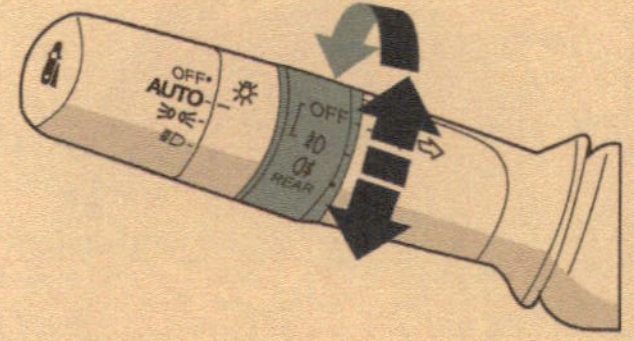	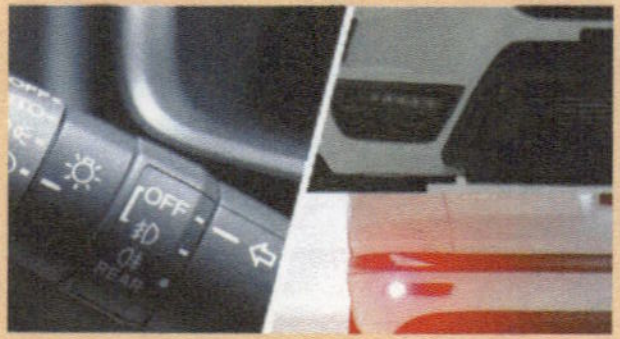	后雾灯	REAR	车灯组合开关末端旋钮转到 位置，将雾灯旋钮转到 REAR 位置，后雾灯开启 如果要关闭后雾灯，将 转至 OFF 位置
	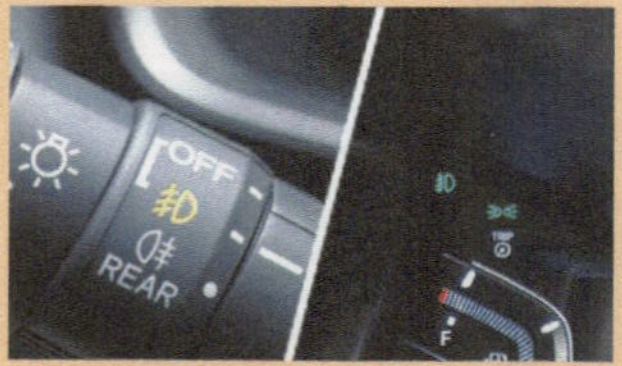	前雾灯		车灯组合开关末端旋钮转到“”位置，前雾灯开启
	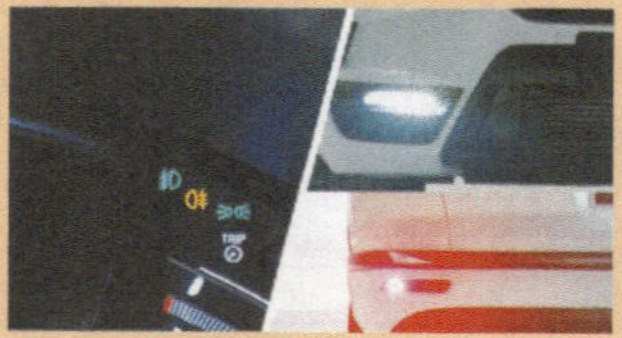	同时打开前、后雾灯	将开关从 位置向上转动一个位置。 和 REAR 指示灯点亮	

续表

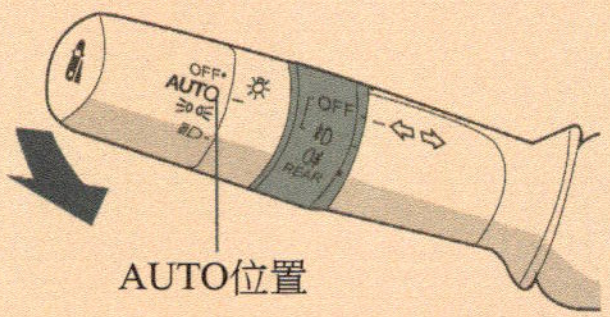

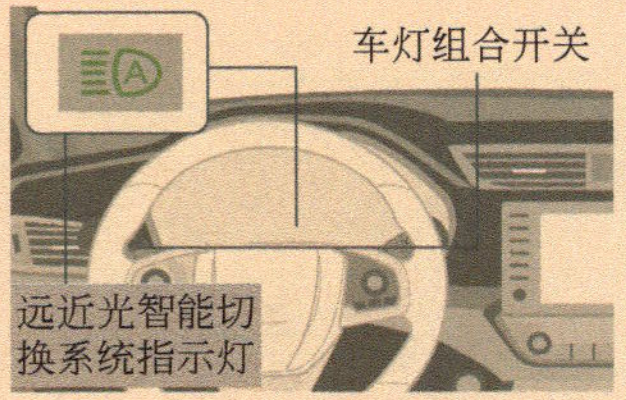

功能模式	操控说明	图示
打开远近光智能切换	当车灯组合开关位于AUTO位置时，向身体方向拉动车灯组合开关控制杆并保持至少30s。远近光智能切换系统指示灯闪烁一次后，松开车灯组合开关控制杆	车灯组合开关 远近光智能切换系统指示灯 AUTO位置
关闭远近光智能切换	当车灯组合开关位于AUTO位置时，向身体方向拉动车灯组合开关控制杆并保持至少40s。远近光智能切换系统指示灯闪烁两次后，松开车灯组合开关控制杆	

025

画重点

前传感器摄像头检测车辆前方的光源,如前车或迎面车辆的车灯或路灯。夜间行驶时,系统根据情况在近光和远光之间自动切换前大灯。

2.2.2 雨刷开关

图 2-5 所示为两种不同形式的雨刷开关,但功能一样。控制杆用来控制挡风玻璃刮水器和洗涤器,通常有高速刮水、低速刮水、自动/间歇刮水(根据车辆配置有自动和手动间隙)、停止、手动高速刮水以及喷水洗涤模式。选择时上抬或下压控制杆即可。在低速与高速挡位时,雨刮连续刮水。

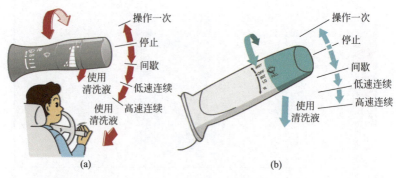

图 2-5 雨刷开关操作

画重点

如图 2-6 所示,洗涤器喷嘴方向,决定喷出清洗液的位置(高度)。将控制杆朝身体侧拉时,可喷出清洗液,松开控制杆超过 1s 时,停止喷出,刮水器会再刮水两次或三次以清洁挡风玻璃,然后停止。

图 2-6 喷水洗涤

2.2.3 车窗及后视镜组合开关

车窗及后视镜组合开关操作见表 2-2。

表 2-2 车窗及后视镜组合开关操作

车窗和电动后视镜组合开关	类型	操作
指示灯、外后视镜调节按钮、驾驶员侧车窗开关	车窗开关（带自动功能）	①自动操作：用力按下或拉起开关，可完全打开或关闭车窗 ②手动操作：轻轻按下或拉起开关并保持，直至车窗到达所需位置

027

续表

车窗和电动后视镜组合开关	类型		操作
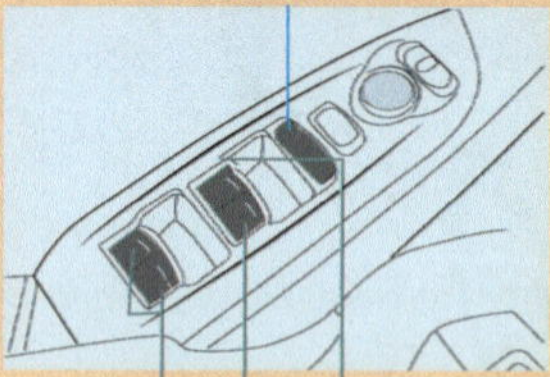 电动车窗锁止按钮 后排车窗开关 前乘客侧车窗开关 驾驶员侧车窗开关	车窗开关（不带自动功能）		按下/拉起开关，直至车窗到达所需位置
	电动车窗锁止按钮		①锁止：指示灯点亮，锁止启动 ②解锁：指示灯熄灭，锁止取消
 折叠开关 调节开关 L/R选择开关	调节开关		当电源模式处于ON时，可调节车门后视镜。按各方向键，可调节外后视镜镜片至合适位置
	电动外后视镜折叠开关		按下此按键，左、右外后视镜同时折叠，再次按下此按键，外后视镜展开

2.2.4 天窗开关

如图2-7所示，按下天窗开关可升起天窗，用力前推可降下天窗；用力拉或推开关，可完全打开或关闭天窗；轻轻拉或推开关并保持，可达到所需位置。

第 2 章　汽车操控

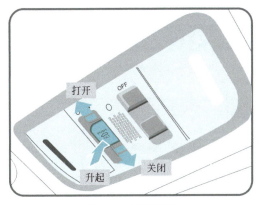

图 2-7　天窗开关

2.2.5　转向盘上的组合开关

如图 2-8 所示，转向盘上的功能按键和开关分布在转向盘的左右两侧，其操作见表 2-3。

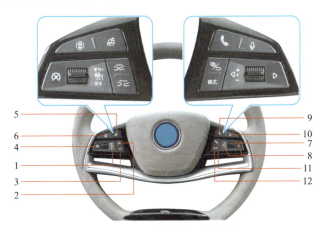

图 2-8　转向盘上的组合开关

1—巡航开关（+/ 复位、-/ 设定）；2—车距 -；3—车距 +；4—取消按键；
5—旋转按键；6—全景影像；7—滚轮；8—左 / 右按键；9—电话按键；
10—语音识别；11—仪表 / 返回；12—模式按键

029

表 2-3 转向盘上的按键和开关的操作

按键或开关	模式	操作
巡航开关	+/复位	激活 ACC 系统并调用上一次系统的设定参数
	-/设定	将当前车速设定为目标巡航车速
车距	车距-	ACC 巡航跟车功能中调整与前车的时距,减小一挡,共四挡
	车距+	ACC 巡航跟车功能中调整与前车的时距,增加一挡,共四挡
取消按键	取消巡航激活	取消巡航激活状态,系统由激活转为待机状态
旋转按键	旋转显示屏	按下旋转按键,可旋转多媒体显示屏
全景影像	打开和关闭	全景模式下,关闭全景;非全景模式下,打开全景
滚轮	多媒体	往上转动滚轮:单步增大音量,直至音量最大值停止(一周 12 挡)
		往下转动滚轮:单步降低音量,直至音量最小值停止(一周 12 挡)
		往下按动滚轮:为静音功能
	仪表	往上转动滚轮:仪表菜单模式时,往上选择二/三级菜单
		往下转动滚轮:仪表菜单模式时,往下选择二/三级菜单
		按下滚轮: ①仪表菜单模式时,进入当前选项的下一级菜单或确定当前设置 ②预约充电设置时,确定当前设置

续表

按键或开关	模式	操作
左/右按键	收音机模式下	①长按◁按键,自动搜寻上一强信号电台(调低频率) ②短按◁按键,向上选择预存电台 ③长按▷按键,自动搜寻下一强信号电台(调高频率) ④短按▷按键,向下选择预存电台
	USB/蓝牙音乐/第三方音乐APP等模式下	①短按◁按键,播放上一首(曲目号-1) ②短按◁按键,蓝牙通话记录,电话簿界面,向上选择 ③短按▷按键,播放下一首(曲目号+1) ④短按▷按键,蓝牙通话记录,电话簿界面,向下选择
	仪表菜单模式时	①按下◁按键,向左切换一级菜单及其子菜单 ②按下▷按键,向右切换一级菜单及其子菜单
电话按键	拨打和接听	拨打和接听(按下此按键后音响系统将进入静音状态)
语音识别	语音识别	按下此按键,多媒体屏幕切换到语音识别页面,可实现语音功能。再次按下,重新录入语音指令
仪表/返回	仪表/返回	①仪表非菜单模式时,按下仪表/返回按键,弹出仪表菜单 ②仪表菜单模式时,按下仪表/返回按键,返回上一级界面,无上一级界面则退出菜单 ③充电中界面时,按下仪表/返回按键,进入预约充电设置界面 ④预约充电界面时,按下仪表/返回按键,退出预约充电 ⑤蓝牙通话界面时,短按结束通话
模式按键	选择模式	选择模式,可按FM→AM→USB(USB接口已插入U盘)→SD(SD卡槽插入SD卡)→FM之间切换循环
	关闭音响	长按关闭音响系统

2.3 仪表台上的操控机关

2.3.1 前大灯调节器

如图 2-9 所示,当电源模式处于 ON 时,可以转动滚轮调节前大灯近光的角度。

图 2-9 调节大灯

2.3.2 车内后视镜

行车时必须调整车内后视镜(图 2-10),保证通过后窗玻璃向后有足够的视野。夜间行驶时,车内后视镜夜间位置将帮助减弱来自后方车辆前大灯的眩光。手动防眩车内后视镜的基本位置:后视镜下缘的操作杆向前指向车窗玻璃。自动防眩车内后视镜(图 2-11)在点火开关已打开的情况下,根据传感器探测到入射光线的强度自动调整车内后视镜防眩目状态。在已挂入倒挡或已接通车内照明灯或阅读灯时,会关闭自动防眩功能。

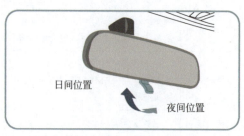

图 2-10 手动防眩车内后视镜

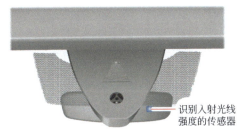

图 2-11　自动防眩车内后视镜

> **画重点**
>
> 自动防眩目车内后视镜配有两个传感器：一个用于测定自后方射入车内的光线强度；另一个用于测定自前风窗射入车内的光线强度。如果入射到传感器上的光线受如遮阳卷帘等影响或中断，则自动防眩车内后视镜不工作或不能正确工作。例如，在前风窗上随意安装的便携式导航装置显示屏点亮后，很可能导致车内自动防眩目后视镜功能失常。

2.4　挡位操控

2.4.1　自动变速器挡位操控

（1）启动　配有电子驻车系统的车辆，必须施加驻车制动以启动发动机。上拉电子驻车制动开关后，驻车制动和制动系统指示灯点亮（图 2-12）。检查并确认换挡杆在 P 挡，然后踩下制动踏板（图 2-13）。如图 2-14 所示，按下一键启动按钮（配备智能无钥匙进入系统的车型），或如图 2-15 所示，用机械钥匙启动发动机（没有配备智能无钥匙进入系统的车型）。

图 2-12　施加驻车制动

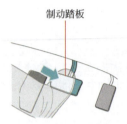

图 2-13　踩下制动踏板　　　　图 2-14　一键启动按钮

图 2-15　机械钥匙启动

小提示

踩下加速踏板行车，电子驻车会自动解除。

第2章 汽车操控

（2）换挡杆操作　自动变速器挡位见表2-4，操控方法如图2-16所示。

表 2-4　自动变速器挡位

图示	挡位	说明
释放按钮	P　驻车挡	停车或启动发动机时使用
	R　倒车挡	倒车时使用
	N　空挡	变速器未锁止
	D　驾驶挡	用于正常行驶
	S　驾驶挡	①更好地加速 ②增加发动机制动效果 ③上坡或下坡
	L　低速挡（仅适用无级变速器车型，见图2-17）	①进一步增加发动机制动效果 ②上坡或下坡时使用

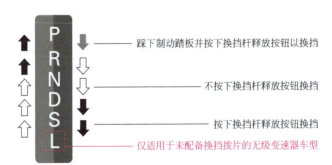

图 2-16　挡位操控方法

035

画重点

如图 2-17 所示，以日产 D-STEP 无级变速器为例，在 D 挡加速踏板踩下 1/2 及以上时，变速器执行 D-Step 换挡模式，以允许车速与发动机转速同时提高，通过防止不必要的发动机转速升高来增加加速感以及提高燃油经济性。

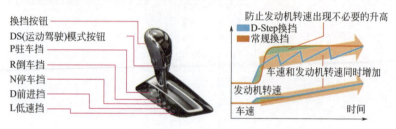

图 2-17　无级变速器

2.4.2　混合动力汽车挡位操控

混动汽车挡位见表 2-5，操控见表 2-6。

表 2-5　混动汽车挡位位置

图示	挡位	说明
	P	驻车挡	停车或启动发动机时使用
	R	倒车挡	倒车时使用
	N	空挡	变速器未锁止
	D	驾驶挡	用于正常行驶 可临时使用减速拨片 当 SPORT 模式打开时，可以使用减速拨片

第 2 章　汽车操控

表 2-6　混动汽车挡位操控

图示	挡位		操控
换挡按钮指示灯	P	驻车挡	按下 P 按钮
	R	倒车挡	向后扳 R 按钮
	N	空挡	按下 N 按钮
	D	驾驶挡	按下 D 按钮

画重点

当下坡时，使用减速拨片（如本田雅阁混动）帮助保持减速率，从而可以保持车辆和前方车辆之间的安全距离，以及有效使用再生制动。

① 选择不同减速等级：回拨＋拨片（右侧）减小减速等级；回拨－拨片（左侧）增加减速等级。

② 当变速器处于 D 挡位时，可以使用减速拨片。如图 2-18 所示，松开加速踏板时，双手不必离开转向盘即可控制减速率。使用位于转向盘上的减速拨片，可以依次在四个减速等级中切换。默认减速等级为∨。每次操作拨片选择器都会改变一级减速。取消减速设置时，扳住＋拨片数秒。

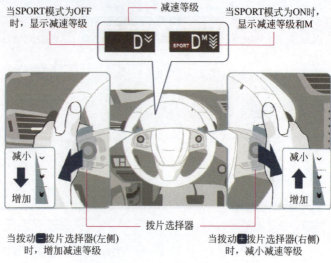

图 2-18　混合动力汽车换挡减速拨片（本田凌派）

2.4.3　手动变速器挡位操控

图 2-19 所示为 6 挡手动变速器换挡位置。踩下离合器踏板，停下几秒钟，然后再换至 R 挡，或换至某个前进挡一段时间，齿轮便停止，不再啮合。

图 2-19　6 挡手动变速器换挡位置

画重点

倒挡锁止,手动变速器带有锁止机构,可防止车辆以一定速度行驶时意外由前进挡换至 R 挡。

2.5 座椅操控

2.5.1 电动座椅

(1)调节前排电动座椅 如图 2-20 所示。

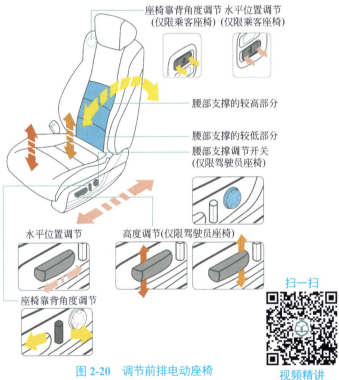

图 2-20 调节前排电动座椅

扫一扫
视频精讲

小提示

正确调节座椅后,来回摇动座椅确保其锁定到位。

（2）驾驶员座椅位置记忆系统

❶ 座椅记忆开关（图2-21）位置：通常位于左前门护板上,有两个记忆按钮。

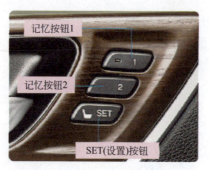

图2-21 记忆开关

❷ 记忆设定条件：整车电源处于ON状态,无车速；座椅、左和右外后视镜、转向盘已调至需求位置；座椅、左和右外后视镜、转向盘均无动作。

❸ 记忆设置操作方法：将座椅记忆开关上的SET按钮按下后松手,3s内按下记忆按钮1或2中的任意一个,这时的座椅、外后视镜、转向盘的位置将会被记住,同时组合仪表扬声器发声,记忆设置完成；将座椅记忆开关上的SET按钮按下不放,同时按下记忆开关1或2中的任意一个,同时蜂鸣器鸣响,记忆设置完成。如果已经设置过,那么已经被设置的位置将被覆盖。

2.5.2 手动座椅

如图2-22所示,手动座椅调节比较简单。

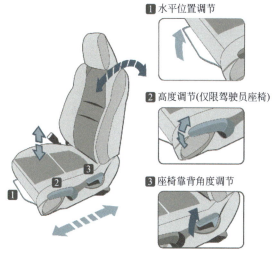

图 2-22　手动座椅调节

2.6 钥匙及门锁操控

2.6.1 电子智能钥匙

（1）智能钥匙功能按键　可通过智能钥匙上按键进行车门解/闭锁、行李厢开启及遥控启动等功能（图 2-23）。

图 2-23　智能钥匙功能按键

1—闭锁按键；2—解锁按键；3—行李厢解锁按键；4—启动/熄火按键；5—指示灯

> **画重点**
>
> 如果遥控发射器的作用距离发生变化，可能是电池电量不足。按下按钮如果 LED 灯不点亮，则电池电量耗尽，需及时更换纽扣电池。

（2）更换纽扣电池

❶ 如图 2-24 所示，沿箭头方向将带有扁平工具头的一字螺丝刀插入智能钥匙的应急钥匙外侧导向件上 1cm 左右。

❷ 顺时针转动一字螺丝刀，直至盖板弹起。

❸ 沿箭头方向移动盖板并取下，取出旧电池。

图 2-24　更换纽扣电池

（3）机械钥匙

> **小提示**
>
> 机械钥匙在电子智能钥匙内，可实现驾驶员侧车门的解锁和锁止。不使用时，应将钥匙放回，盖上电子智能钥匙后盖。

❶ 图 2-25 所示为三种不同形式机械钥匙的取出方式。如图 2-25（a）所示。使用电子智能钥匙中的机械钥匙时，先按箭头①的方向拉开解锁扣，向箭头②的方向拉，再向箭头③的方向向上

掰开，分离电子智能钥匙，从智能钥匙底壳中取出机械钥匙。

图 2-25　取出机械钥匙（三种不同形式的钥匙）

> **画重点**
>
> 机械钥匙带有编号标签，标签上有配钥匙需要用到的编号。

❷ 如图 2-26 所示，拉起车门把手，将机械钥匙从下面插入盖罩的开口内，转动钥匙松开盖罩并取下。

图 2-26　使用机械钥匙

1—拉起车门把手；2—打开盖罩

❸ 如图 2-27 所示，将机械钥匙插入钥匙孔，解锁和锁止。

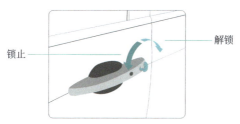

图 2-27　机械钥匙解锁和锁止

❹ 如图 2-28 所示，使用机械钥匙将前乘客侧车门和后车门单独手动上锁。将钥匙插入槽口并向车外转动即上锁。

图 2-28　前乘客侧车门和后车门单独手动上锁

（4）使用智能无钥匙进入系统　智能无钥匙进入系统可以实现在不操作遥控钥匙的情况下解锁或锁止汽车。只需随身携带一把有效遥控钥匙，并处于车门或行李厢盖的有效感应区域内，同时触摸传感区之一或按压按钮即可实现（图 2-29）。

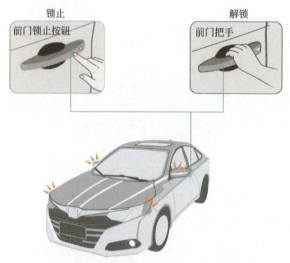

图 2-29　使用智能无钥匙进入系统

锁止时，某些车外灯闪烁，蜂鸣器鸣响；解锁时，某些车外灯闪烁两次，蜂鸣器鸣响两次。

无钥匙进入闭锁/启动系统工作范围为80cm。

2.6.2 门锁

设置儿童门锁(图2-30):将后车门中的拨杆滑至锁止位置,然后关闭车门。

无论车内门锁处于打开还是关闭状态,儿童门锁都可防止从车内打开后车门。设置儿童门锁锁止后,需在车外使用车门把手才能打开车门。

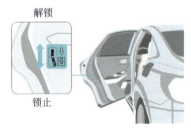

图 2-30　设置儿童门锁

第3章 汽车维修工具及设备的使用

3.1 基本工具

3.1.1 工具套组

螺丝刀(改锥)、钳子、套筒(套头)、棘轮扳手(快速扳手)、弯杆(歪把儿)、接杆、梅花扳手、开口扳手、活动扳手等是一些常用的工具。图3-1所示为常用便携工具套组,包含不同规格的棘轮扳手、套筒、六方扳手、钳子等常用工具。

维修车间每个班组或每个维修人员,会配备一个工具小车(图3-2)。

第 3 章　汽车维修工具及设备的使用

图 3-1　工具套组

1—试电笔；2—小滑杆；3—接杆；4—螺丝刀；5—旋柄；6—快速梅花扳手；7—内六方；8—内六角梅花套筒；9—开口梅花两用扳手；10—套筒；11—棘轮扳手；12—钳子；13—成套内六角；14—米字套筒；15—米字螺丝刀（梅花旋具）

图 3-2　工具小车

3.1.2　棘轮扳手组合

如图 3-3 所示，棘轮扳手与接杆、套筒等组合使用。小棘轮扳

047

手组合小套筒拆卸螺栓。10#小套筒使用率相当高,适用于表面配件和饰件的拆装(图3-4)。

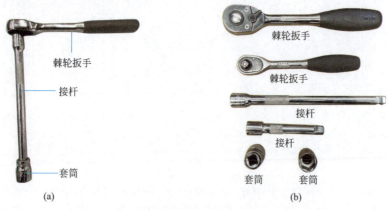

图3-3 棘轮扳手组合

图3-4 棘轮扳手的使用

万向接头(图3-5)配合套筒和接杆时,角度可以自由变化,在普通扳手不能放入的位置,酌情使用万向接头,可适度改变操作角度,进行快捷的拆装。

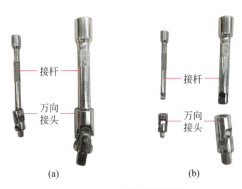

图 3-5　万向接头的使用

3.1.3　两用扳手

两用扳手（图 3-6）即一头是梅花一头是开口的扳手，梅花侧圆环内有 12 个棱角，能将螺母或螺栓的六角部分全部围住，工作时不易滑脱，适合于初松螺母或最后锁紧螺母。梅花扳手操作可靠，使用率高。

图 3-7 所示为用两用扳手（梅花侧）拆卸发电机螺栓。维修中 13# 的梅花扳手使用率相当高。

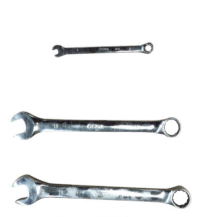

图 3-6　两用扳手

图 3-7　扳手的使用

3.1.4 棘轮梅花扳手

如图 3-8 所示,棘轮梅花扳手(或两用扳手棘轮梅花侧)的最大特点是能小幅度快速拆装螺栓或螺母,尤其是能持续旋拧,适合普通的小力矩螺栓,在比较紧凑的维修空间尤其适用。

图 3-8　棘轮梅花扳手

图 3-9 所示为用棘轮梅花扳手旋出空调压缩机螺栓。

图 3-9　用棘轮梅花扳手旋出空调压缩机螺栓

3.1.5 米字扳手

米字扳手(图 3-10)是用来拆装米字螺栓的扳手。图 3-11 所示为用米字扳手拆卸螺栓。

图 3-10　米字扳手

图 3-11　用米字扳手拆卸螺栓

3.1.6　旋柄组合

如图 3-12 所示，旋柄可以与套筒配合，也可接棘轮扳手或其他手柄，用以增加拆卸或紧固时的力矩。

图 3-13 所示为旋柄与米字套筒（25# 比较常用）组合拆卸螺钉。旋柄可以快速旋动螺栓、螺钉，主要用于将螺栓、螺钉旋到底。常用于拆卸和安装小的螺栓和螺钉，例如拆装仪表台、内饰及分解和装配起动机等。

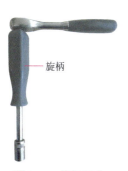

图 3-12　旋柄组合

图 3-13　旋柄组合拆卸螺钉

3.1.7 斜口钳

斜口钳（图 3-14）也称偏口钳，主要用来剪断导线或剥离软导线绝缘层。

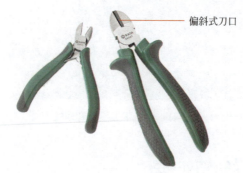

图 3-14　斜口钳

3.1.8 卡簧钳

卡簧钳（图 3-15）分为内卡簧钳和外卡簧钳，用于拆卸和安装带有弹性挡圈的零部件。维修变速器时常使用卡簧钳，带有弹性挡圈的轴承等的拆装也会用到卡簧钳。

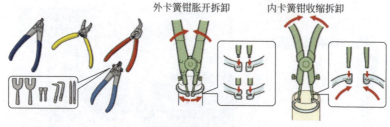

图 3-15　卡簧钳

如图 3-16 所示，在压出半轴球笼的球毂时，要用卡簧钳使球毂与内卡簧脱开，进而使半轴球笼与球毂分离。

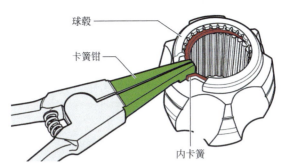

图 3-16 卡簧钳的使用

3.1.9 机油滤清器扳手

机油滤清器扳手有多种，有链条式扳手、齿形扳手、圆三爪式扳手、套筒扳手等。根据作业空间可选择不同的机油滤清器扳手来操作，其中套筒扳手最为常用。

如图 3-17 所示，套筒扳手在日常保养中使用率极高。拆卸不同车型的滤清器需要不同尺寸的扳手。其套筒也可与接杆和快速扳手或其他手柄组合使用。

图 3-17 机油滤清器扳手的使用

3.1.10 电动扳手

锂电池电动扳手（图3-18）俗称电动风炮，其上带有可切换正反转开关，正转紧固螺纹连接，反转松开螺纹连接，能高效率拆装螺栓或螺母，是常用的一种汽车维修工具。

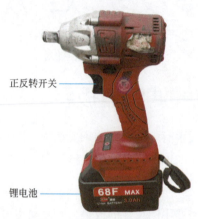

图 3-18　锂电池电动扳手

图3-19所示为用锂电池电动扳手拆卸下支臂螺栓。

图3-19　用锂电池电动扳手拆卸下支臂螺栓

3.1.11 铆钉拆卸钳

铆钉拆卸钳俗称钉子起拔器，多用于内饰（如车门内饰板）、表面塑料件的卡扣、铆钉等的拆卸和拔取（图3-20）。

图3-20　铆钉拆卸钳的使用

3.2　专用工具

3.2.1　力矩扳手

常用力矩扳手有电子力矩扳手和机械的预置力式力矩扳手（图3-21），使用力矩扳手锁紧螺栓更精准（图3-22）。

图3-21　力矩扳手

图3-22　用力矩扳手锁紧螺栓

> **画重点**
>
> 锁紧发动机机体部件螺栓,如气缸盖螺栓、曲轴轴瓦螺栓、连杆瓦螺栓、凸轮轴螺栓等,必须按厂家规定的力矩及锁紧方法锁紧螺栓。

3.2.2 拉具

拉具和拔轮器根据不同需要有多种,如图3-23~图3-26所示。轴承内圈拉具的上拉具与下拉具和推盘配合使用,用于拉出轴承内圈。轴承拉具用于拆卸和安装车轮轴承或轮毂等。内拉具和固定支撑配合使用,主要用于从变速器壳体上拉出圆锥滚子轴承外圈。冲压座与拔起工具配合使用(拔轮器),拔出需要拆卸的轮或轴套。

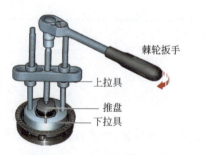

图3-23 轴承内圈拉具的使用

图3-24 轴承拉具的使用

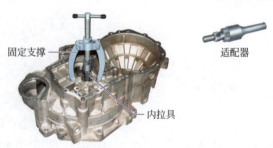

图3-25 内拉具的使用

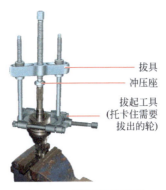

图 3-26 拔轮器 的使用

3.2.3 减振器拆装工具

如图 3-27 所示，六角扳手、棘轮扳手和压紧装置配合使用，压缩减振器螺旋弹簧后，进行拆卸和安装。

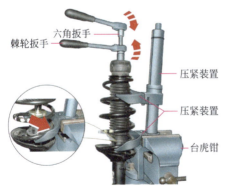

图 3-27 柱式减振器拆装工具的使用

扫一扫

视频精讲

3.2.4 弹簧钳

弹簧钳用于卡紧半轴球笼防尘套卡箍（图 3-28）。弹簧钳的钳口应贴紧卡箍的棱角,用棘轮扳手转动螺杆来夹紧卡箍。

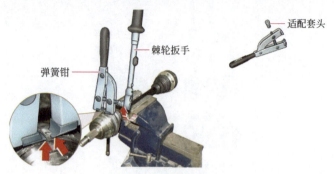

图 3-28　弹簧钳的使用

小提示

转动螺杆时,弹簧钳一定要稳,绝对不能歪斜。

3.2.5　卡箍钳

卡箍钳多用于转向机转向拉杆防护套的安装(图 3-29)。用卡箍钳从上部夹紧新卡箍。

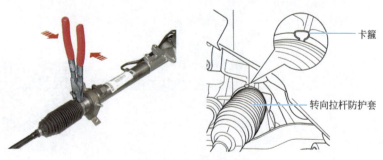

图 3-29　卡箍钳的使用

3.2.6 球形万向节压出器

球形万向节（球头）压出器是专门用于拆卸拉杆球头等球形万向节的工具。如图 3-30 所示，从车轮转向节上压出横拉杆球头并拧下螺母。

图 3-30　球形万向节（球头）压出器的使用

3.2.7 气门油封起拔器

气门油封起拔器专门用来拔出气门油封，使用时沿向下箭头方向张开起拔器，沿向上箭头方向拔出气门油封（图 3-31）。

图 3-31　气门油封起拔器的使用

3.2.8　气门油封钳子

气门油封钳子也是专门用于拔出气门油封的工具,该工具使用简单方便,作业效率更高(图3-32)。

扫一扫

视频精讲

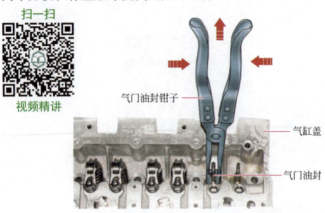

图3-32　气门油封钳子的使用

3.2.9　气门油封推杆

如图3-33所示,将气门油封装入气门油封推杆,并小心地推到气门导管上。

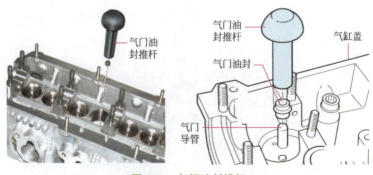

图3-33　气门油封推杆

> **小提示**
>
> 安装气门油封时,必须给气门油封密封唇涂上油。

3.2.10　气门弹簧压缩器

气门弹簧压缩器是发动机大修必须要用的专门工具,其形式不一,但基本结构差不多,使用功能一样,用于压下气门弹簧,方便放入和取出气门弹簧锁片,顺利安装和拆卸气门等(图3-34)。

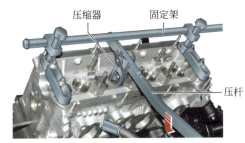

图 3-34　气门弹簧压缩器的使用

扫一扫

视频精讲

3.2.11　活塞环安装工具

活塞环钳子(图3-35)和桶柱式活塞环压缩器(图3-36)都是安装活塞的专用工具,后者应用更为方便,安装效率极高。

图 3-35　活塞环钳子

图 3-36　桶柱式活塞环压缩器

3.2.12　燃油压力表

燃油压力表串联在燃油系统中，用于检查燃油系统压力、燃油调节器压力和保持压力（图3-37）。燃油压力表附件有适用于各种车辆的适配接头，可以满足不同车型需要。

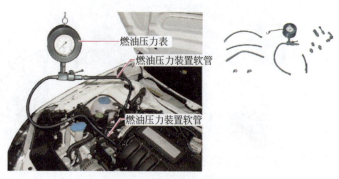

图 3-37　燃油压力表的使用

3.2.13　燃油泵扳手

燃油泵环形扳手（或三爪扳手），是拆装燃油泵的专用工具，与接杆和棘轮扳手等组合使用（图3-38）。扳手上的凹槽对正燃油泵单元锁母，进行旋拧操作。

图 3-38　燃油泵环形扳手的使用

3.2.14　喷油器拔出器

将喷油器拔出器插入喷油器上的槽中，装上拔出器适配器，通过旋拧螺栓用棘轮扳手拔出喷油器（图 3-39）。

图 3-39　喷油器拔出器的使用

3.2.15　冰点测试仪

冰点测试仪（图 3-40）是专门用来检测防冻液冰点温度的。使用时首先滴入少许清水，校正折射计，使其归零，然后擦干，滴入少许冷却液，通过后部观察其状态，根据显示判断冷却液冰点情况。

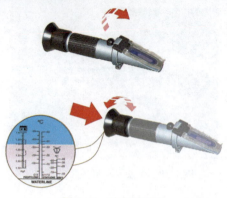

图 3-40 冰点测试仪

3.2.16 制动分泵回位调节器

制动分泵回位调节器也称制动钳释放工具,用于制动钳上的分泵(制动分泵)回位调节(图 3-41)。

小提示

只有在制动分泵回位的情况下才可以安装新的制动摩擦片。

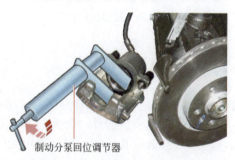

制动分泵回位调节器

图 3-41 制动分泵回位调节器的使用

3.2.17 发电机带轮拆装工具

发电机带轮拆装工具专门用于拆装发电机带轮,操作时(车下),最好在台虎钳上固定发电机,米字套筒和齿形套筒一个固定发电机轴,一个拆卸带轮螺栓(图3-42)。

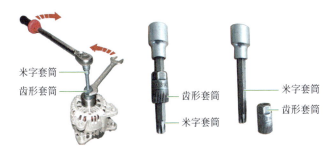

图 3-42　发电机带轮拆装工具的使用

3.2.18 氧传感器梅花扳手

氧传感器梅花扳手用于拆装三元催化器上的氧传感器(图3-43)。由于氧传感器安装在排气系统三元催化器上,操作空间狭窄,所以一般使用桶状开口式梅花扳手或其他形状的开口式梅花扳手。根据车型不同,氧传感器的维修作业空间不一,酌情使用不同形式的氧传感器拆装扳手。

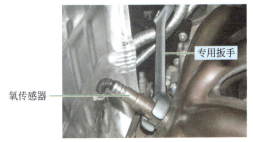

图 3-43　氧传感器梅花扳手的使用

3.3 大型设备

3.3.1 发动机吊架

使用发动机吊架可以防止已与车架分开的发动机（或变速器或发动机与变速器总成）脱落。根据维修作业可调整吊架高度。按图3-44所示吊住发动机，更换发动机支撑垫（俗称机爪垫）。

图3-44 发动机吊架的使用

3.3.2 举升机

图3-45所示为龙门式双柱举升机的使用。为确保双柱举升机的安全性，一般来说有以下配置：双边手动解锁机构；防压脚装置及车门防撞保护垫；高强度三节对称式支臂；进口关键液压零部件；高强度双层旋转托盘；高性能钢丝绳、链条；链条防脱落机构；双保险自锁保护装置；固定式底护板；电控盒。

第 3 章　汽车维修工具及设备的使用

图 3-45　龙门式双柱举升机的使用

　　双柱举升机支撑车的位置如图 3-46 所示。汽车的前端支撑在前车架纵梁和侧车架纵梁之间连接处的下面，后端支撑在后车架纵梁和侧车架纵梁之间连接处的下面。

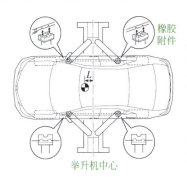

图 3-46　举升机支撑车的位置

扫一扫

视频精讲

3.3.3　发动机大修作业台

　　发动机大修作业台通常配置在总成修理间或需要大修车辆的工位附近，该作业台不仅限于发动机大修。发动机大修作业台可以是简单的安全结实的铁桌台。发动机大修作业台便于拆解大修的总

067

成，便于每个部件根据安装位置进行摆放，以便更清晰快捷地维修和装配（图3-47）。

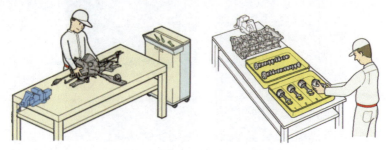

图3-47　发动机大修作业台的使用

3.3.4　压力机

压力机常用于轴承等零部件拆装。根据所要拆装的部件选择合适的适配工装。使压力垂直作用于适配工装和所拆装零部件，用压力机慢慢地施加压力，以拆卸和安装（图3-48）。

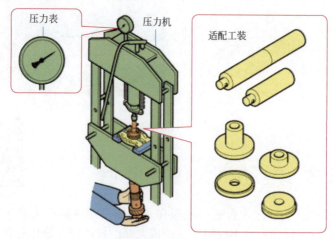

图3-48　压力机的使用

3.4 测量工具

3.4.1 游标卡尺

游标卡尺（图3-49）是一种能直接测量工件内外直径、宽度、长度或深度的量具，也有电子数显游标卡尺。

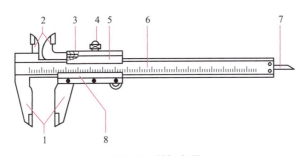

图 3-49 游标卡尺
1—外量爪；2—内量爪；3—弹簧片；4—紧固螺栓；
5—尺框；6—尺身；7—深尺度；8—游标

游标卡尺的读数方法：读出游标零刻线所指示尺身上左边刻线的毫米数；观察游标零刻线右边第几条刻线与尺身某一刻线对准，将游标卡尺精度数值乘以游标上刻线对齐处的刻度数值，即为毫米小数值；将尺身上的整数值和游标上的小数值相加即得被测工件的尺寸。

图3-50所示为用游标卡尺测量螺栓的直径和长度。

3.4.2 量缸表组合

测量气缸（缸筒和活塞）需要将外径千分尺和千分表组合使用，测得缸筒数值和活塞数值，以计算气缸间隙（图3-51），选择合适的活塞和活塞环型号。

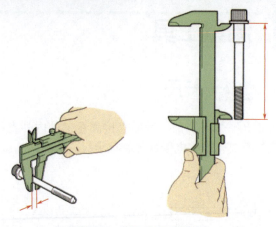

图 3-50 游标卡尺的使用

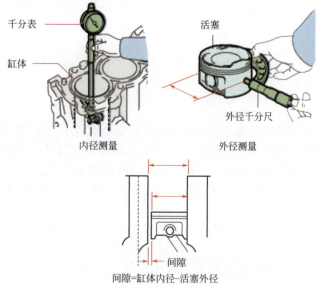

图 3-51 测量并计算气缸间隙

3.4.2.1 外径千分尺

外径千分尺（也称螺旋测微器）（图 3-52）是测量活塞必用的

量具，它是一种用于测量加工精度要求较高的工件的精密量具，也有电子数显千分尺。

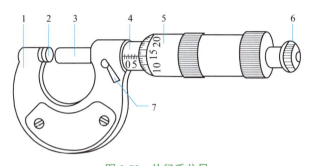

图 3-52　外径千分尺

1—尺架；2—测砧；3—测微螺杆；4—固定套筒；5—微分筒；
6—测力装置；7—锁紧装置

外径千分尺读数方法：从固定套筒上露出的刻线读出工件的毫米整数和半毫米数；从微分筒上由固定套筒纵向线对准的刻度读出工件的小数部分（百分之几毫米），不足一格的数值为千分之几毫米，可用估算读法确定；将两次读数相加就是工件的测量尺寸（图 3-53）。

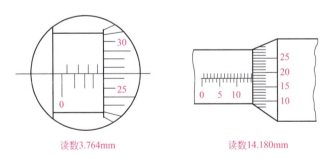

读数 3.764mm　　　　　读数 14.180mm

图 3-53　外径千分尺读数方法

图 3-54 所示为用外径千分尺检查活塞，外径千分尺在距下沿约 15mm 处测量，与活塞销轴线错开 90°。

图 3-54　用外径千分尺检查活塞

> **画重点**
>
> 活塞测量尺寸与公称尺寸的偏差最大为 0.04mm。不同型号的发动机可能略有差别，以厂家标准参数为准。

3.4.2.2　千分表

千分表（图 3-55）是一种比较性测量仪器，主要用于测定工件的偏差值、平面度、直线度、跳动量、圆度、圆柱度以及配合间隙等。

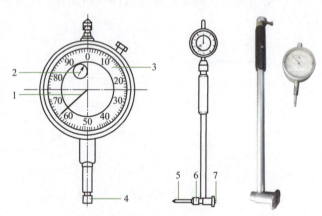

图 3-55　千分表

1—大指针；2—小指针；3—表盘；4—连接件；5—替换杆件；6—替换杆件紧固螺钉；7—测头

千分表读数方法：千分表的表盘刻度为 1000 格，当测头每移动 0.001mm 时，大指针就偏转 1 格。

如图 3-56 所示，测头抵住被测气缸内表面，并使测头产生一定位移（即指针有一个预偏转值），观察千分表表盘上指针的偏转量，该偏转量即为被测物体的偏差尺寸或间隙值。

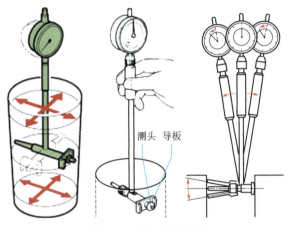

图 3-56　千分表的使用

小提示

测杆轴线应与被测工件表面垂直。

3.4.3　数字万用表

数字万用表（图 3-57、图 3-58）主要用于电流、电压、电阻以及导线的通断性、电子元件的检测等。数字万用表工作可靠，其最大的优点是可以直接显示测量数据。数字万用表电源开关一般会在面板左上部显示屏下方"POWER"（电源）的旁边，"OFF"表示关。可通过功能选择开关完成测量。

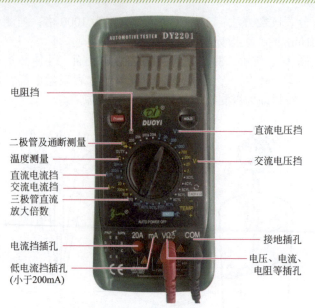

图 3-57　数字万用表

图 3-58　数字万用表（自动量程）

如图 3-59 所示，将万用表的功能选择开关拨到直流电压挡，红表笔搭在蓄电池正极接线柱上，黑表笔搭在负极接线柱上，测得的蓄电池电压值为 12.36V（正常）。

图 3-59　直流电压测量

如图 3-60 所示，将自动量程万用表的功能选择开关拨到直流电压挡，显示屏显示"DC"（直流模式），检测进气温度传感器电压，测得的电压值为 2.948V（信号正常）。

图 3-60　自动量程万用表测量直流电压

3.4.4 钳形表

钳形表（图3-61）也称直流钳形万用表，主要用于检测电气设备或线缆工作时的电压与电流。其特点是检测电流时不需要断开电路，通过对导线的电磁感应进行电流的测量，比较方便。

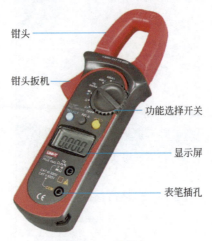

图3-61 钳形表

测试电流时根据维修测试所需设置测量数据的挡位量程，然后按压钳头扳机使钳口张开，将待测导线置于钳口中，松开钳头扳机使钳口紧闭，显示屏会显示测量数据。按下"HOLD"键保持按钮，可将测量结果保存到钳形表内部，以方便测量操作完毕后读取测量值。

第4章 汽车直观检查与保养

4.1 直观检查

4.1.1 外观检查

外观检查是日常性工作,能够直观地排查问题。

❶ 检查前照灯、尾灯、示宽灯、转向信号灯、制动灯和雾灯是否正常工作。

❷ 检查所有仪表、电子驻车制动按钮和警告灯是否正常工作,检查喇叭是否正常。

❸ 确保后视镜的反光面清洁,能正常调节。

❹ 检查所有车门、行李厢盖、机舱盖是否开闭自如、上锁牢固。

❺ 检查车身外表是否有掉漆或划痕,如有应立即修复,以防止损伤部位的金属腐蚀。

❻ 打开点火开关,打开前挡风玻璃清洗液喷射开关,检查玻璃清洗液喷射范围和高度是否正常,以及雨刮的动作状态是否

正常。

⑦ 打开机舱盖，检查机舱内是否清洁，油管、水管有无龟裂渗漏现象，如图4-1所示。

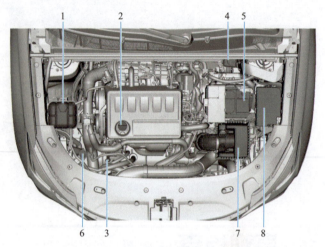

图 4-1　检查机舱

1—冷却液储液罐；2—机油加注口；3—机油尺；4—制动液储液罐；5—蓄电池；6—车窗玻璃清洗液储液罐；7—空气滤清器；8—熔丝盒

⑧ 观察车窗玻璃清洗液液位，并在必要时添加清洗液，在冬季应添加防冻清洗液（玻璃水）。车窗玻璃清洗液储液罐盖如图4-2所示。

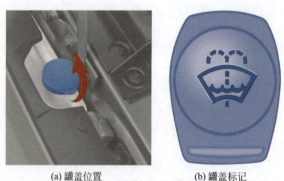

(a) 罐盖位置　　　　　(b) 罐盖标记

图 4-2　车窗玻璃清洗液储液罐盖

4.1.2 "三液"检查

（1）检查冷却液　如图 4-3 所示，如果冷却液储液罐中的冷却液液位在"MAX"（最高液位）和"MIN"（最低液位）刻线之间，则符合要求。如果低于"MIN"刻线，则应添加冷却液，使液位上升到"MAX"刻线。检查冷却系统有无泄漏现象。

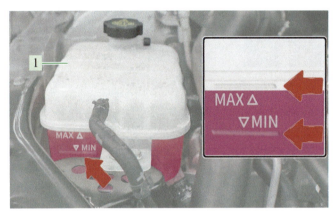

图 4-3　检查冷却液

小提示

应使用与原厂冷却液相同颜色的冷却液。无需添加任何混合剂。不同颜色的冷却液不能混合使用，尤其是混合动力汽车。2 年应更换一次冷却液。

（2）检查制动液　如图 4-4 所示，液位在储液罐"MAX"（最高液位）和"MIN"（最低液位）刻线之间，则符合要求。如果液位处于或者低于"MIN"刻线，则需检查制动系统是否有渗漏以及制动摩擦片是否磨损。

图 4-4　检查制动液

画重点

制动液新车 3 年更换，后续每 2 年应更换。制动液随着使用时间的延长，会吸收周围空气中的水分，水会显著降低制动液的沸点。如果含水量过高，则在制动器负荷高和全制动时在制动装置中形成气泡，气泡会降低制动效果，显著延长制动距离，甚至可能导致制动装置失灵。

小提示

如图 4-5 所示，一般在制动液储液罐盖子上会标记制动液规格（DOT4）。务必使用与规格相同的制动液，不同型号的制动液不能混合使用。

图 4-5　制动液储液罐盖上标记（DOT4）

(3) 检查转向助力液

液压转向助力系统的转向助力液的检查也是通过观察其储液罐中上、下限液位来确定。

4.1.3 皮带检查

图4-6所示为多楔带及其安装位置，皮带上不能有油脂痕迹，在进行维修作业时，尽量避免皮带上沾染油污。

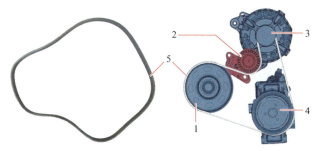

图4-6 多楔带（发电机皮带）及其安装位置
1—带轮；2—皮带张紧器；3—发电机；4—空调压缩机；5—多楔带

检查并发现有以下情况之一，必须更换多楔带：皮带基层有裂纹、中心断裂、截面断裂；皮带层离和加强筋散开；皮带齿面破损（图4-7）、齿面磨蚀、齿面散开、齿面硬化、齿面呈玻璃状、齿面有裂纹等。

图4-7 齿面破损

4.1.4 制动盘和制动摩擦片检查

（1）检查前制动摩擦片的厚度　前制动摩擦片很多车型可以就车检查，对于有些车型，由于轮辋几何形状的限制，很难看清制动摩擦片厚度（图4-8），这时需要拆卸车轮进行检查（图4-9）。制动摩擦片的厚度 a 小于2mm时应更换（图4-10）。如图4-11所示，也可通过制动钳总成的检查孔检查制动摩擦片的厚度。

(a) 不能就车检查

(b) 可以就车检查

图4-8　轮辋几何形状对制动摩擦片检查的影响

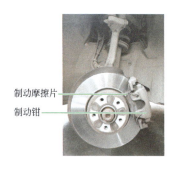

图 4-9 拆下车轮检查前制动摩擦片　　图 4-10 制动摩擦片厚度

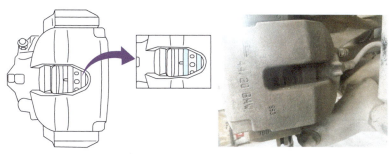

图 4-11 通过制动钳总成的检查孔检查制动摩擦片的厚度

（2）检查后制动摩擦片的厚度　后制动摩擦片的检查方法与前制动摩擦片基本相同，必要时拆下车轮进行检查（图 4-12）。

图 4-12 检查后制动摩擦片

（3）**检查制动盘** 在检查制动摩擦片的同时，可以就车检查制动盘是否有较深的刮痕。

4.1.5 轮胎检查

❶ 观察轮胎的接地部位，检查轮胎的气压是否充足。

❷ 检查轮胎是否有龟裂或损伤，是否有钉子刺入轮胎中或石头嵌在轮胎上。

❸ 检查轮胎周围是否有大面积磨损或局部磨耗或断层磨损。

> **画重点**
>
> 如图 4-13 所示，车胎内嵌有胎面磨损极限指示标记，磨损到该指示标记时，表示轮胎只剩下厚度不足 1.6mm 的胎面，磨耗至此种程度的轮胎，在湿滑路面上的附着力很小，需要更换轮胎。

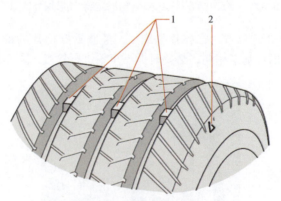

图 4-13　检查轮胎沟深
1—磨损极限指示标记；2—磨损极限指示标记位置指示

4.2 蓄电池检测

4.2.1 检测工具

利用数字万用表、蓄电池检测仪、故障诊断仪均可检测蓄电池工作情况，最常用的是数字万用表。蓄电池检测仪是专门检测蓄电池的设备，使用简单，可以测得蓄电池内阻、启动电压等（图 4-14）。

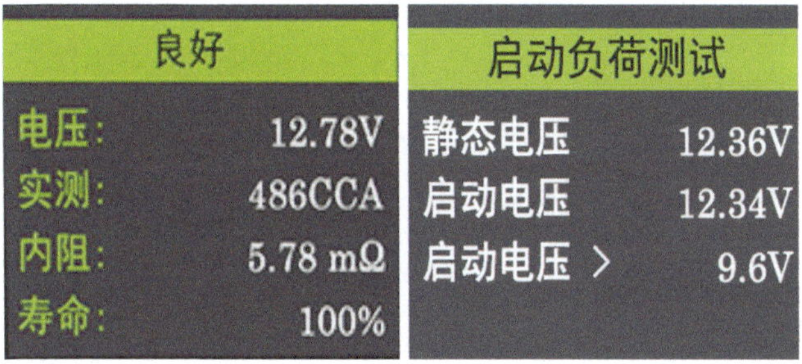

良好		启动负荷测试	
电压：	12.78V	静态电压	12.36V
实测：	486CCA	启动电压	12.34V
内阻：	5.78 mΩ	启动电压 >	9.6V
寿命：	100%		

图 4-14 蓄电池检测仪检测功能显示

4.2.2 检测方法

❶ 使用数字万用表在没有启动发动机情况下检查蓄电池静态电压。

❷ 如图 4-15 所示，使用数字万用表检测着车时蓄电池电压，测得电压为 14.42V，说明蓄电池状态正常，发电机发电正常。

❸ 如图 4-16 所示，使用万用表检测蓄电池启动电压，将万用表功能旋钮旋至直流电压挡，分别把万用表的红、黑表笔搭到蓄电池正、负极上，启动车辆，观察启动瞬间电压，启动电压为 11.26V。

图 4-15 检测着车时蓄电池电压　　图 4-16 检测蓄电池启动电压

扫一扫

画重点

◆ 新的蓄电池在没有启动发动机的情况下检测其电压通常应不低于 12.6V。

◆ 蓄电池启动电压低于 9.6V，必须更换蓄电池。

◆ 正常情况下，发动机启动后检测的蓄电池电压应在 13.5V 以上，但不高于 15V。如果电压过低，可能发电机不发电（包括带轮和皮带问题）；如果电压过高，需要检测发电机调节器。

◆ 带启停功能的与不带启停功能的车辆，配备的蓄电池规格不一样，不能通用。前者（启停蓄电池上标有 AGM 或 EFB）比后者蓄电池 CCA 值要大很多。

❹ 检查免维护蓄电池的电解液液位。如图 4-17 所示，免维护蓄电池有电解液液位观察口，蓄电池上侧的观察口根据电解液液位

变换颜色显示。如果电眼呈黑色，表明蓄电池正常。如果电眼呈白色，表明电解液液位偏低，基本到了寿命极限，需更换。

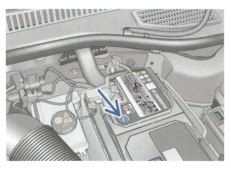

图 4-17　免维护蓄电池电解液液位观察口

4.3　汽车保养

4.3.1　保养项目

　　汽车保养项目包括更换项目和检查项目，通常更换机油"三滤"都是在常规的定期保养范围内，也是最为重要的保养项目。基本工具可参见第 3 章。图 4-18 所示为更换机油和机油滤清器、变速器 ATF 油所需要的废油回收收集器，专门用来回收换下来的废机油。图 4-19 所示为机油抽吸机（抽油机），更换机油时，用该设备把发动机里需要更换的机油抽吸出来。

　　表 4-1 列出了更换保养项目。机油的更换期限一般在 5000 ~ 7500km 或者 6 个月，以哪个先到为准，建议全合成机油也不要超过 10000km。建议新车或刚刚大修完的车辆，第一次更换机油的期限应该小于 5000km。其他项目也可以根据行车环境等，视实际情况而略微调整保养里程或时间。表 4-2 列出了检查保养项目。

图 4-18 废油回收收集器

吸油管
排油管

图 4-19 机油抽吸机(抽油机)

扫一扫
视频精讲

表 4-1 更换保养项目

保养项目	间隔						所需备品备件
	7500 km	15000 km	30000 km	50000 km	60000 km	120000 km	
发动机机油及机油滤清器：更换（行驶里程较少的车辆建议每6个月更换）	●	●	●		●	●	机油、机油滤清器
空调滤清器：更换滤芯（行驶里程较少的车辆建议每12个月更换）		●	●		●	●	机油"四滤"
空气滤清器：更换滤芯（行驶里程较少的车辆建议每12个月更换）			●		●	●	机油"四滤"
火花塞：更换（根据火花塞类别、品质、规格、使用情况确定）				●		●	机油"四滤"+火花塞

续表

保养项目	间隔						所需备品备件
	7500 km	15000 km	30000 km	50000 km	60000 km	120000 km	
楔形皮带：检查，必要时更换（每120000km更换）						●	机油"四滤"+火花塞+楔形皮带
制动盘、制动鼓及制动摩擦片：检查厚度及磨损情况，必要时更换			●		●	●	机油"四滤"+火花塞+楔形皮带+前制动摩擦片
燃油滤清器（外置）		●	●		●	●	机油"四滤"+火花塞+楔形皮带+前制动摩擦片
燃油滤清器（燃油箱内置集成式）					●	●	机油"四滤"+火花塞+楔形皮带+前制动摩擦片
手动变速器：检查变速器齿轮油液位，必要时补充或更换					●	●	机油"四滤"+火花塞+楔形皮带+前制动摩擦片+变速器齿轮油
自动变速器：更换变速器ATF油液					●		机油"四滤"+火花塞+楔形皮带+前制动摩擦片+ATF和自动变速器滤芯
制动液：更换（每50000km或每24个月，以先到者为准）				●			制动液
防冻液（每24个月更换一次）							防冻液

注：1. "四滤"为机油滤清器、空气滤清器、空调滤清器和燃油滤清器。
2. 手动变速器油和自动变速器油根据实际检查情况确定更换里程和时间。

表 4-2　检查保养项目

序号	保养项目	间隔			
		7500 km	15000 km	30000 km	60000 km
1	车身内外照明电器、用电设备功能检查： ①组合仪表指示灯、阅读灯、化妆镜灯、时钟、点烟器、喇叭、电动摇窗机、电动外后视镜、暖风空调系统、收音机 ②近光灯、远光灯、前雾灯、转向灯、警示灯 ③驻车灯、后雾灯、制动灯、倒车灯、车牌灯、行李厢照明灯	●	●	●	●
2	用故障诊断仪读取各系统信息	●	●	●	●
3	安全气囊和安全带：目测外表是否受损，并检查安全带功能	●	●	●	●
4	手制动器：检查，必要时调整		●	●	●
5	前挡风玻璃落水槽排水孔：清洁		●	●	●
6	雨刮器、清洗装置：检查雨刮片，必要时更换；检查清洗装置功能，必要时调整并加注清洗液	●	●	●	●
7	发动机机舱：检查燃油管路、真空管路、电气线路、制动管路、ATF 油冷却器管路是否存在干涉或损坏，必要时调整	●	●	●	●
8	冷却系统：检查冷却液冰点	●	●	●	●
9	蓄电池：观察蓄电池上的电眼，必要时使用 MCR 341V 检测蓄电池状况，检查正、负极连接状态	●	●	●	●
10	前大灯：检查灯光，必要时调整	●	●	●	●
11	转向横拉杆、稳定杆、连接杆：检查是否有间隙，连接是否牢固		●	●	●

续表

序号	保养项目	间隔			
		7500 km	15000 km	30000 km	60000 km
12	车身底部：检查燃油管路、制动管路是否干涉以及底部保护层是否损坏，排气管路是否泄漏，固定是否牢靠	●	●	●	●
13	底盘螺栓：检查并按规定力矩紧固	●	●	●	●
14	制动系统：检查制动管路是否泄漏，检查制动液液面，必要时补充	●	●	●	●
15	轮毂、轮胎（包括备胎）：检查轮胎磨损情况，必要时进行轮胎换位，同时校正轮胎气压	●	●	●	●
16	车轮固定螺栓：检查并按规定力矩紧固	●	●	●	●
17	试车：性能检查	●	●	●	●
18	保养周期显示器：复位	●	●	●	●
19	空调系统冷凝水排放：检查，必要时清洁		●	●	●
20	活动天窗：功能检查，清洁导轨，涂敷专用油脂		●	●	●
21	车门限位器、固定销、门锁及发动机机舱盖与行李厢盖铰链和锁扣：检查功能并润滑		●	●	●
22	变速器、传动轴护套：检查有无渗漏和损坏，连接是否牢固		●	●	●
23	发动机燃烧室和进气道：用内窥镜检查积炭情况，必要时使用汽油清净剂清理			●	●
24	楔形皮带：检查，必要时更换（每120000km更换）			●	●

续表

序号	保养项目	间隔			
		7500 km	15000 km	30000 km	60000 km
25	活动天窗排水：功能检查，必要时清洁			•	•
26	制动盘、制动鼓及制动摩擦片：检查厚度及磨损情况，必要时更换			•	•
27	尾气排放：检测			•	•
28	手动变速器：检查变速器齿轮油液位，必要时补充或更换				•
29	自动变速器：检查必要时更换变速器ATF油液				•

4.3.2 操作流程

4.3.2.1 机油滤清器的更换

（1）更换机油和机油滤清器

❶ 用抽油机抽吸发动机内的旧机油，或者用举升机举起车辆，拧开油底壳的放油螺塞，使旧机油流入废油回收收集器中。

> **画重点**
>
> 一定要重视机油的检查与更换，发动机机油有润滑、冷却、密封、清洁、防腐五个重要作用。

❷ 用合适的机油滤清器扳手拆下机油滤清器。

❸ 如图4-20所示，安装时在新机油滤清器的橡胶垫圈上涂一些机油，拧上新机油滤清器。

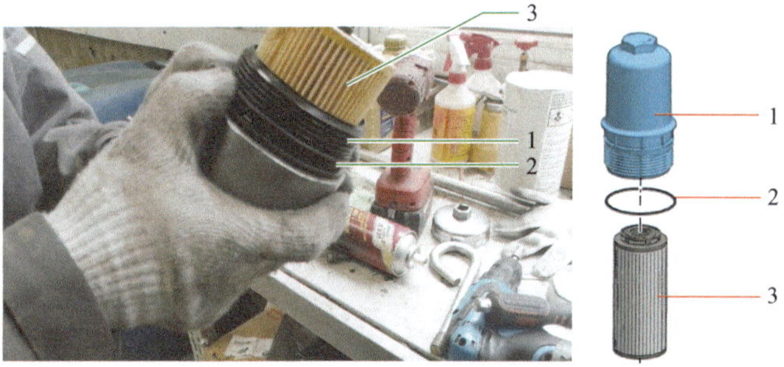

图 4-20　在机油滤清器橡胶垫圈上涂抹机油

1—机油滤清器壳；2—橡胶垫圈；3—机油滤清器滤芯

扫一扫

视频精讲

❹ 如图 4-21 所示，先用手拧紧，然后用机油滤清器扳手上紧。

机油滤清器扳手

图 4-21　用机油滤清器扳手上紧

❺ 加入机油，然后盖好机油加油盖，并启动发动机，检查机油滤清器和放油螺塞处是否有渗漏现象。

画重点

机油滤清器非常重要，一定要更换高品质的正品。发动机采用压力润滑和飞溅润滑相结合的润滑方式，机油泵输送的全部机油在到达润滑部位前都要通过机油滤清器。

（2）检查机油

❶ 保持车辆水平，启动发动机至正常工作温度后停机。

❷ 5min后拔出机油标尺，观察油面高度和机油状况，油位在1和2之间时表示机油量正常（图4-22）。

图4-22　机油标尺（检查机油量）

4.3.2.2　燃油滤清器的更换

❶ 断开燃油滤清器燃油管路快速接头（图4-23），拆下燃油滤清器。

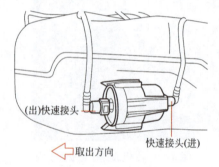

图4-23　燃油滤清器

❷ 安装新的燃油滤清器并接好快速接头。

小提示

燃油滤清器上的箭头标记表示燃油流动方向，安装时接头不要混淆。

燃油滤清器的作用是过滤燃油中的杂质和水分，防止燃油系统堵塞，保证发动机正常工作。

4.3.2.3 自动变速器油的检查与更换

❶ 为了准确地检查油量，首先读取齿轮油的温度，油温不宜过高，如果高于50℃应让变速器冷却。

❷ 如图4-24所示，从溢流塞处检查自动变速器油（ATF）状况（这种自动变速器本身不带油尺，也没有油尺导管，可以有加油螺塞，有的则需从溢流塞孔处加注自动变速器油），酌情更换。

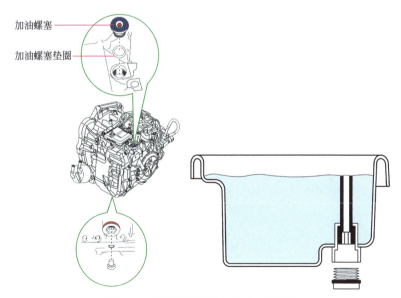

图4-24 从溢流塞处检查自动变速器油

❸ 在发动机不工作的情况下，旋出油位管并排出油。然后重新安装油位管并加注油。

❹ 启动发动机，要求齿轮油温度在45℃附近，排放多余的油，直至油位与油位管齐平。

> **画重点**
>
> 检查ATF油液中有无微小的金属屑或其他粉末，是否闻到烧焦味，油液是否变成黑色和有无白色的污染物质。如果ATF油液中含有摩擦材料等（离合器和制动带），需要分解自动变速器并更换散热器，用清洁剂和压缩空气冲洗冷却器管路。

4.3.2.4　空气滤清器的更换

❶ 如图4-25所示，拆开空气滤清器壳（有些空气滤清器壳是用螺钉锁紧的，但拆装一般都比较简单）。

图4-25　拆开空气滤清器壳

❷ 如图4-26所示，通常空气滤清器壳四周有卡扣，用于把塑料壳体压紧在空气滤清器上方，保持进气管路的密封。掰开卡扣后打开塑料壳体，取出空气滤清器滤芯。

卡扣
卡扣
扫一扫
视频精讲
空气滤清器滤芯
扫一扫
视频精讲

图 4-26　更换空气滤清器

❸ 以相反顺序安装空气滤清器，注意壳体密合以及卡扣到位。

> **画重点**
>
> 空气滤清器的作用是滤除空气中的微粒杂质，发动机工作时，如果吸入空气中含有灰尘等杂质，将加剧零件的磨损，所以必须装有空气滤清器且要保证质量。

4.3.2.5　空调滤芯的更换

空调滤芯主要有两个安装位置：一是在前乘客侧手套箱后面；二是在前挡风玻璃右下侧。

如图 4-27 所示，拆卸安装在前乘客侧的空调滤芯。将杂物箱拆卸下来，便可取出空调滤芯了。

如图 4-28 所示，空调滤芯在发动机舱内（前挡风玻璃右下侧）前乘客侧对应的雨刮器下方。用螺丝刀拆下罩盖即可取出，拆卸非常简单。

图 4-27 拆卸空调滤芯(前乘客侧)

图 4-28 拆卸空调滤芯(前挡风玻璃右下侧)

4.3.2.6 轮胎保养

❶ 检查轮胎气压,除适当充气外,正确的车轮定位也有助于减少胎面的磨耗,根据行车及磨损情况,酌情进行四轮定位和轮胎动平衡。

❷ 更换新轮胎和某一轮胎修补后,需要重新进行轮胎动平衡。

❸ 如图 4-29 所示,为了使轮胎的磨损相同以及延长轮胎的使用寿命,酌情定期进行轮胎换位(建议 15000km 换位一次)。如图 4-30 所示,如果备胎与行车轮胎规格相同,则备胎可以参与轮

胎换位。

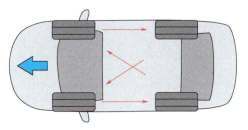

图 4-29　轮胎换位（无备胎）

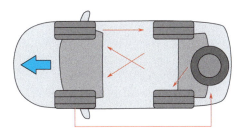

图 4-30　轮胎换位（有备胎）

❹ 有方向性的轮胎称为单导向轮胎，它只能向一个方向换位。如果使用单导向轮胎，则轮胎换位时只能前后轮对调（图 4-31）。

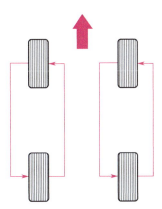

图 4-31　单导向轮胎换位

小提示

使用6年以上的轮胎,即使没有明显损坏,也建议更换。

第 5 章 火花塞拆装与检修

5.1 必备常识

5.1.1 火花塞电极

火花塞主要由接线螺母、陶瓷绝缘体、中心电极、侧电极以及外壳等组成,侧电极焊接在外壳上(图 5-1)。

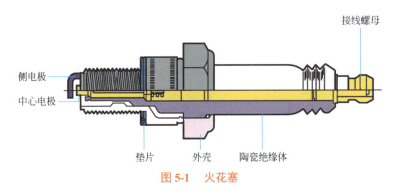

图 5-1　火花塞

> **画重点**
>
> 如图5-2所示,火花塞电极形状决定其放电性能,圆形电极放电困难,方形或尖电极放电较容易。当火花塞耗损后,电极间隙变大,发动机可能会缺火。中心电极和侧电极间隙增大后,使火花跳过电极就更困难,因此需要更高的电压来产生火花。因此,每隔一定的里程必须更换火花塞。

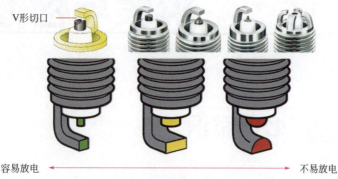

图5-2 火花塞电极的形状

火花塞的电极越细越尖,越容易产生火花,但是火花塞的耗损也较快,使用寿命较短,因此就有了白金火花塞或铱金火花塞(图5-3),即在电极上采用白金或铱金材料,以提高火花引燃性能。

图5-3 铱金火花塞

5.1.2　火花塞电晕

火花塞陶瓷绝缘体下部黄色、茶色的污垢称为电晕（图 5-4），这是一种正常的现象。火花塞中心电极导通时的高电压对飘浮在空气中油粒子有吸附作用，吸附在白色绝缘体的表面。由于点火线圈（或高压线）橡胶套的遮挡作用，电晕只有靠近金属壳体的一段才有。电晕并不影响火花塞的性能，没有可靠的实践维修证据证明和火花塞的使用寿命有直接联系。

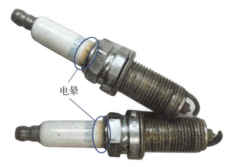

图 5-4　火花塞电晕

5.1.3　火花塞更换周期

火花塞更换周期见表 5-1。

表 5-1　火花塞更换周期（参考）

火花塞	中心电极	侧电极	使用里程（寿命）
单铱金火花塞	铱金（0.6mm）	镍铜合金	40000km
双铱金火花塞	铱金（0.6mm）	铱金（0.6mm）	80000km
铱铂金火花塞	铱金（0.6mm）	铂金	60000km
单铂金火花塞	铂金（1.0mm）	镍铜合金	30000km

续表

火花塞	中心电极	侧电极	使用里程（寿命）
双铂金火花塞	铂金（1.0mm）	铂金	50000km
镍铜普通火花塞	镍铜合金（2.5mm）	镍铜合金	15000km

5.2 拆装工具

更换火花塞需要专用工具（火花塞套筒扳手）。根据火花塞的直径选择不同的火花塞套筒（图5-5），常用的火花塞套筒规格为14mm和16mm。

图5-5 火花塞套筒

5.3 操作程序及手法

❶ 断开点火线圈插头，如果没有固定螺栓（根据车型），点火线圈可以直接拔出，有些点火线圈用螺栓固定在气门室盖上，这样需要拆卸点火线圈螺栓（图5-6）。

❷ 如图 5-7 所示，用火花塞套筒扳手取出火花塞。

❸ 安装火花塞时，紧固至厂家规定的力矩（一般在 25N·m 左右，不超过 30N·m）。

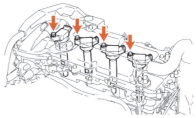

图 5-6　拆下螺栓后断开插头并拔出点火线圈

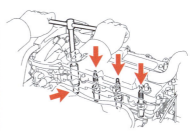

图 5-7　取出火花塞

画重点

每个气缸有一个点火线圈和火花塞连接，称为独立电子点火系统。如图 5-8 所示，独立点火系统中各气缸由一个点火线圈总成和一个火花塞（连接至各次级线圈尾部）点火。发动机控制单元（ECM）确定点火正时，并向每个气缸传送点火（IGT）信号。ECM 通过使用 IGT 信号来控制点火器。当流入初级线圈的电流被切断时，次级线圈会产生强电压。该电压将直接施加在每个火花塞上，使其在气缸内产生火花。一旦 ECM 切断流向初级线圈的电流，点火器会将点火确认（IGF）信号发送回 ECM，用于各气缸点火。

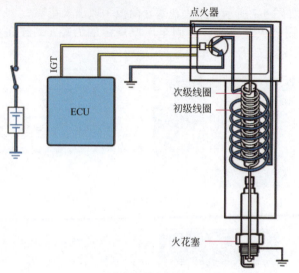

(a) 初级线圈中有电流

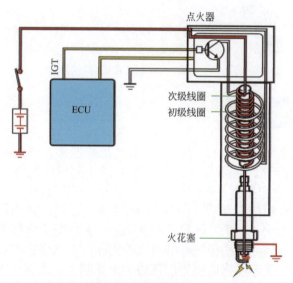

(b) 初级线圈中电流被切断

图 5-8　火花塞产生火花放电的原理

5.4 检查和故障判断

5.4.1 检测火花塞电阻

用万用表来测量火花塞的电阻,火花塞电阻在 3.0～7.5kΩ 之间。如果不在规定范围内,应更换火花塞。如图 5-9 所示,检测某个新的普通火花塞电阻为 3.79kΩ,正常;如图 5-10 所示,检测某个新的铱金火花塞电阻为 5.23kΩ,正常。如图 5-11 所示,检测某个旧的白金火花塞电阻为 8.75kΩ,说明火花塞已损坏,应更换新火花塞。

图 5-9 检测火花塞电阻(一)

扫一扫

视频精讲

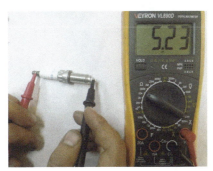

图 5-10 检测火花塞电阻(二)

图 5-11 检测火花塞电阻（三）

5.4.2 根据火花塞状态判断故障

图 5-12 所示为正常燃烧的火花塞。良好品质的燃油并正常燃烧，火花塞中心电极呈灰色或黄色，侧电极呈棕色至浅灰褐色。如果略带少量白色粉状沉积物，是含添加剂的燃油正常燃烧的少量烧蚀物。

图 5-12 正常燃烧的火花塞

根据火花塞的具体状态，可以判断故障原因，具体见表 5-2。

表 5-2 根据火花塞状态判断故障原因

火花塞状态	图示	故障原因
绝缘体呈白色	 	电极熔化且绝缘体呈白色,表明燃烧室内温度过高。这可能是燃烧室内积炭过多,使气门间隙过小等引起的排气门过热或冷却装置工作不良,也可能是火花塞未按规定力矩拧紧等
电极烧蚀结疤	 	电极变圆且绝缘体有烧蚀结疤,表明发动机早燃,可能是点火时间过早或汽油辛烷值低,火花塞热值过高等原因
电极积炭	 	火花塞电极和内部有沉炭,可能是火花塞热值不正确或者混合气过浓,提高发动机转速,并持续几分钟,就可烧掉留在电极上的积炭。电流通过附着在火花塞点火部的炭漏出导致熄火,发动机性能变差
油性沉积物	 	火花塞上有油性沉积物,表明润滑油进入燃烧室内。如果只是个别火花塞,则可能是气门杆油封损坏。如果各缸火花塞都粘有这种沉积物,表明气缸窜油,应检查空气滤清器和通风装置是否堵塞
添加剂污染	 	燃油添加剂 MMT 在燃烧后会对汽车零件造成污损,使火花塞点火部呈茶褐色,火花塞被污损后火花会由绝缘体表面泄漏而造成熄火

续表

火花塞状态	图示	故障原因
火花塞绝缘体破裂		火花塞绝缘体破裂多数情况是由于使用了劣质火花塞。如果绝缘体顶端碎裂，爆震燃烧是绝缘体破裂的主要原因之一。点火时间过早、汽油辛烷值低、燃烧室内温度过高，都可能导致发动机爆震燃烧
火花塞漏气	漏气 高气压气体	安装火花塞时，安装力矩不足，造成的人为漏气。火花塞漏气会造成发动机无力，怠速不稳，抖动变大，高速容易熄火，油耗增加，甚至发动机无法启动，甚至出现火花塞故障、发动机损坏的严重后果

小提示

在汽车设计生产中，火花塞与点火系统以及发动机是经过匹配和测试的，为了最大限度地避免故障发生，在维修中，应使用和发动机规格匹配的火花塞。

5.4.3 火花塞不跳火故障诊断

（1）检查点火线圈工作电源

❶ 转动点火开关至 OFF 位置。

❷ 断开点火线圈线束连接器。
❸ 转动点火开关至 ON 位置。
❹ 测量点火线圈线束连接器端子与可靠接地之间的电压（表 5-3、图 5-13）。如果测量值与标准值不符，应进一步检查点火线圈电源电路。

表 5-3　检测端子及标准电压

检查部件	万用表连接端子	条件	应测得结果
点火线圈线束连接器	B- 接地	启动开关 ON 状态	11～14V

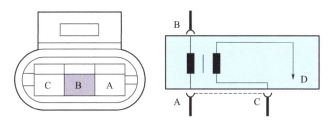

图 5-13　点火线圈线束连接器及电路

（2）检测点火线圈初级电阻
❶ 转动点火开关至 OFF 位置。
❷ 断开点火线圈线束连接器。
❸ 测量点火线圈初级端子间的电阻（表 5-4、图 5-13）。

表 5-4　检测初级端子及标准电阻

检查部件	万用表连接端子	条件	应测得结果
点火线圈线束连接器	B-A	启动开关 ON 状态	0.45～0.55Ω

（3）检测点火线圈次级电阻
❶ 转动点火开关至 OFF 位置。

❷ 断开点火线圈线束连接器。
❸ 测量点火线圈次级端子间的电阻（表 5-5、图 5-13）。如果测量值与标准值不符，应更换点火线圈。

表 5-5 检测次级端子及标准电阻

检查部件	万用表连接端子	条件	应测得结果
点火线圈	C-D（插火花塞处）	启动开关 ON 状态	10～15kΩ

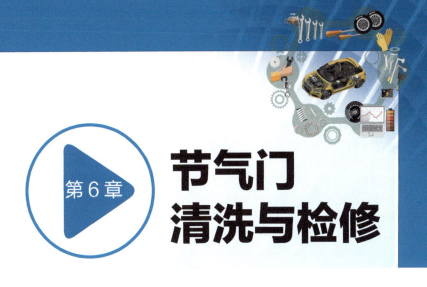

第 6 章 节气门清洗与检修

6.1 必备常识

6.1.1 电子节气门控制

电子节气门控制系统（ETC）可使适当的空气流入进气歧管，以供油气混合后的燃烧行程顺利进行。加速踏板位置传感器将加速踏板行程转变为电压值后输入到发动机控制单元（ECM），再通过节气门控制电机来调节节气门开启角度，以精确达到驾驶员对车辆的操控要求。

6.1.2 节气门位置传感器

如图 6-1 所示，电子节气门控制系统有两个位置传感器（TPS1 与 TPS2），这两个传感器是同一种电位计，可将电子节气门位置转换成电压输出,并发送电压信号给 ECM。此外,也会检测节气门的开启与关闭速度并将电压信号提供给 ECM。

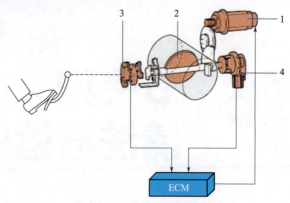

图 6-1 电子节气门控制系统

1—节气门控制电机;2—节气门;3—加速踏板
位置传感器;4—节气门位置传感器

如图 6-2 所示,用故障诊断仪监控实时数据,ECM 经过内部运算后会以百分比(%)方式呈现节气门的位置。

车辆信息		
车系:奥迪		
车型:A6L		
年款:2016		
VIN:LFV		
行驶里程:141437 km		
车型软件版本:V28.67		
诊断应用软件版本:V7.03.001		
诊断路径:快速测试>01 发动机电控系统		
读取数据流:		
数据流名称	值	单位
节气门位置,绝对值		
节气门绝对位置	13.3	%
节气门位置2		
节气门绝对位置B	13.7	%

图 6-2 节气门故障诊断仪实测数据

画重点

电子节气门将加速踏板操作转换为电气信号,发动机控制单元根据驾驶意图来控制节气门的开度。如图 6-3 所示,节气门位置传感器内部设置为双输出结构(TPS1 与 TPS2),一个节气门位置传感器的输出电压信号随着节气门的开启角度增加而增加,而另一个节气门位置传感器的输出电压信号则随节气门开启角度的增加而减小。

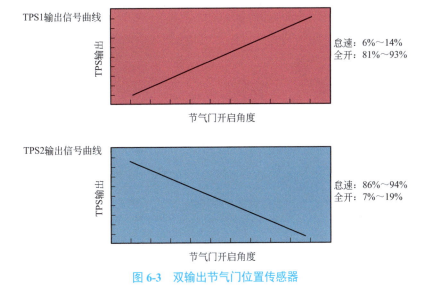

图 6-3 双输出节气门位置传感器

如果 TPS2 传感器信号丢失,但 ECM 还是能够正常接收 TPS1 传感器信号,则 ECM 控制发动机进入"确定驾驶意图的可靠性下降时或无法输出大功率时模式",此时发动机随加速踏板变化的响应也迟缓许多,会明显觉得发动机动力输出变弱,但仍能够在正常的车流中驾驶。

6.2 操作程序及手法

（1）拆卸节气门

① 拆下空气滤清器。
② 断开节气门线束连接器 1（图 6-4）。
③ 拆下节气门体螺栓 1（图 6-5）。
④ 拆下节气门体 1，并拆下节气门体衬垫 2（图 6-6）。

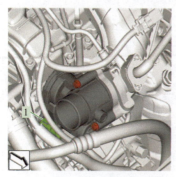

图 6-4　拔下插头

1—节气门线束连接器

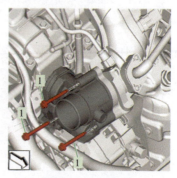

图 6-5　拧出螺栓

1—节气门体螺栓

图 6-6　取下节气门体及垫圈

1—节气门体；2—节气门体衬垫

（2）安装事项
❶ 需要安装新的节气门体衬垫。
❷ 安装节气门体螺栓应紧固至规定力矩（力矩较小）。
❸ 安装完毕，需要用故障诊断仪对节气门进行自适应学习（匹配）。
（3）清洗节气门　清洗节气门时要注意，节气门的电气盖板一侧朝上（图6-7）。

图6-7　清洗节气门

扫一扫

视频精讲

6.3 检查和故障判断

6.3.1 节气门总成故障诊断

图6-8所示为电子节气门总成，其结构如图6-9所示。如果节气门体转动某一角度时，输出信号突然为零或者突然下降，则应更换节气门总成。在任何时候节气门都是作为一个整体零件，不可解体维修。

图 6-8 电子节气门总成

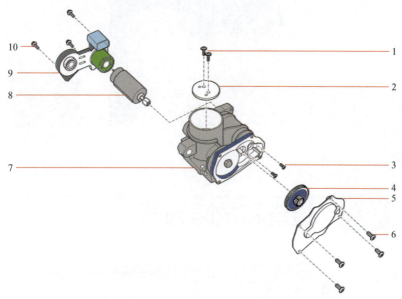

图 6-9 电子节气门总成结构

1—节气门固定螺栓；2—节气门；3—节气门驱动电机固定螺栓；
4—节气门驱动齿轮；5—密封板；6—密封板固定螺栓；
7—节气门体；8—节气门控制电机；9—节气门位置
传感器；10—节气门位置传感器固定螺栓

6.3.2 节气门性能故障诊断

❶ 节气门一般性故障就是产生积炭，这种情况下只需清洗节气门，清洗完后用故障诊断仪进行匹配即可解决问题。

❷ 节气门是不可解体维修的，解决节气门问题的方法除了清洗就是更换，清洗能排除大多数故障。

❸ 除节气门本身故障外，就是电路故障，这种情况下，检查的对象是节气门电路和发动机控制单元。

❹ 节气门所有故障最大的共同特征是怠速不稳或包含有怠速不稳。

❺ 节气门故障的其他表现有低速熄火、加速不走车等。

❻ 所有诊断报告如节气门电机损坏、节气门电机内部线路故障、节气门位置传感器内部线路故障等，其实只是一个问题，那就是节气门本身损坏。

小提示

不可拆卸维修的零部件，且为部件本身独立故障的，建议不考虑部件本体内部（结构组成元件）问题，因为那样只能把简单问题复杂化。

小提示

图 6-10 所示为节气门位置传感器控制电路。

◆ ECM 通过 ECM 线束连接器 EN44 的 39 号端子给节气门位置传感器线束连接器 EN58 的 1 号端子提供 5V 参考电压。

◆ 节气门位置传感器通过 EN58 的 3 号端子给 ECM 线束连接器 EN44 的 26 号端子提供传感器信号电压。

◆ ECM 通过 ECM 线束连接器 EN44 的 18 号端子给节气门位置传感器线束连接器 EN58 的 2 号端子提供 ECM 低参考电压。

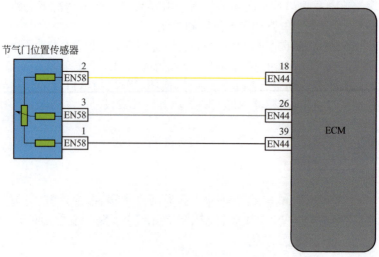

图 6-10　节气门位置传感器控制电路

第7章 制动系统拆装与检修

7.1 必备常识

7.1.1 制动系统

(1) 制动系统组成　制动系统包括行车制动和驻车制动两套独立的装置，其中行车制动装置是由驾驶员用脚来操纵的，驻车制动装置是由驾驶员用手操纵的，又分为电子驻车制动和手动制动（图7-1）。

根据车型不同，汽车配置了制动辅助系统，对提高主动行驶安全性起着重要作用。

(2) 制动真空助力器　制动系统输入力通过制动踏板放大，并由制动踏板推杆传递到真空助力泵，经过真空助力泵助力后施加到液压制动总泵。制动真空助力器利用真空源进行助力，减小需要驾驶员施加在制动踏板上的操纵力。

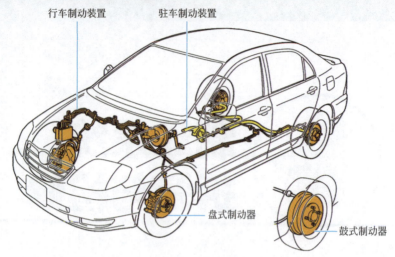

图 7-1 制动系统

7.1.2 ABS 制动系统

ABS 防抱死制动系统可以防止制动时车轮抱死,以及支持驾驶员对汽车转向和保持控制,这意味着汽车在全制动时的侧滑倾向较小。

用力踩下并踩住制动踏板。不要松开制动踏板或减小施加到制动踏板上的力。不要将制动踏板"松松踩踩"。在用力踩下制动踏板时使汽车转向。松开制动踏板或减小施加到制动踏板上的力时,ABS 自动退出。

小提示

ABS 的调节过程可通过制动踏板的脉动式移动以及噪声识别。ABS 并非在所有情况下都能缩短制动距离,在砂石路面或新雪覆盖而冰冷或光滑的路面上,制动距离甚至会更长。

> 如果制动装置警告灯(!)与 ABS 指示灯(ABS)一起亮起，则说明 ABS 的调节功能可能已失灵，在制动时后车轮可能较快抱死。

7.1.3 辅助制动系统

（1）电子稳定系统（ESC） 可降低甩尾危险和在某些行驶状况下通过对单个或多个车轮进行制动来改善行驶稳定性。ESC 可识别动态行驶极限状态如汽车转向过度和转向不足或驱动轮打滑。系统通过有针对性的制动干预或降低发动机转矩帮助稳定汽车。但有一定的限制性，并非在驾驶员要面对的所有情况下都能提供帮助。

在轿车牵引力不足的某些行驶情况下，可用 ESC 功能按钮关闭 ASR。有些汽车也可关闭 ESC，但一旦达到足够的牵引力时，必须重新打开 ASR 和 ESC。

（2）多次碰撞预防系统（MKB） 事故发生时，多次碰撞预防系统可帮助驾驶员，利用自动导入制动动作降低汽车打滑的危险以及事故过程中继续碰撞的危险。

当安全气囊控制单元确认符合触发条件，车速超过 10km/h 发生碰撞事故时，多次碰撞预防系统将会生效。多次碰撞预防系统仅于发生正面碰撞、侧面碰撞和追尾碰撞时起作用。

只要制动系统、电子稳定系统和电子装置未在事故发生时损坏，仍能运作时，汽车会通过电子稳定系统自动制动，但车速必须大于 10km/h，当车速低于 10km/h 时，多次碰撞预防系统退出。

事故发生时，以下动作会优先于自动制动的作用：驾驶员踩加速踏板时，不会自动制动；当制动踏板的制动压力大于系统导入的制动压力时；汽车手动制动时。

(3)制动辅助系统（HBA）　遇紧急情况时大多数情况下均会及时制动，但一般不会施加最大制动力，从而使制动距离加长，发生这种情况时制动辅助系统将开始工作：快速踏下制动踏板时，制动辅助系统识别出车辆处于紧急状态，迅速将制动压力提高至最大值，从而使防抱死制动系统更迅速有效地缩短制动距离。此时切勿降低踏板制动力，一旦松开制动踏板，HBA立即自动退出。

(4)牵引力控制系统（ASR）　在车轮打滑时牵引力控制系统减小发动机的驱动力，并使驱动力与道路状况相匹配。通过牵引力控制系统，即使在不利的道路状况下也能轻松起步、加速和上坡行驶。牵引力控制系统可以手动接通或关闭。

小提示

　　仅在全部四个车轮配备相同的轮胎时，ESC或ASR才能正常工作。轮胎的滚动周长不同可能会导致发动机功率意外下降。在ABS发生故障时，MKB、HBA、ESC、ASR和EDS也失灵。

(5)电子差速锁（EDS）

❶电子差速锁可有效防止某个驱动车轮打滑造成的牵引力损失。

❷发动机运转时EDS才起作用。在不利的行驶条件下EDS可使汽车易于起步、加速和爬坡。

❸利用ABS轮速传感器监控驱动车轮的转速。

❹为防止盘式制动器过热，制动盘温度过高时EDS将自动关闭，汽车仍可正常行驶，与无EDS功能的汽车相同。盘式制动器温度下降后，EDS自动重新启动。

7.2 操作程序及手法

7.2.1 制动总泵和真空助力器

如图 7-2 所示，制动总泵安装在制动真空助力器上，制动总泵虽然可以分解，但不建议拆解维修，如确定制动总泵本身故障，建议整体更换总成。真空助力器另一端在车身前舱隔板上固定着（图 7-3）。

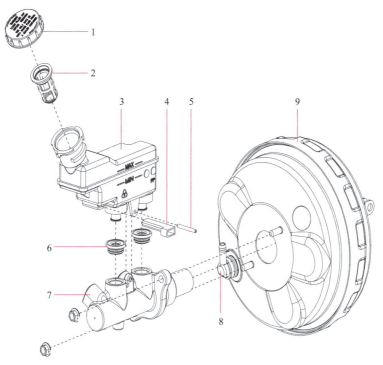

图 7-2　制动总泵和真空助力器

1—制动液储液罐盖；2—制动液滤网；3—制动液储液罐；4—制动液液位开关；5—插销；6—套环；7—制动总泵缸体；8—单向阀；9—制动真空助力器

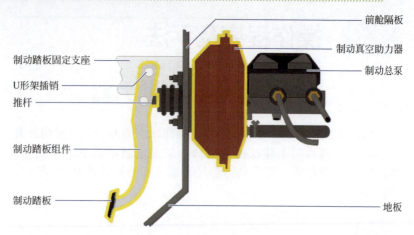

图 7-3　真空助力泵安装位置

❶ 拆卸真空助力器时需先断开制动总泵并拆下。
❷ 拆下 ABS 液压单元和控制单元总成。
❸ 从真空助力器上拆下真空软管。
❹ 拆下驾驶员侧仪表下饰板。
❺ 由车内将制动踏板的 U 形架插销和开口销拆下。
❻ 拆下驾驶员侧的前方脚部导管。
❼ 拆下真空助力器和制动踏板总成之间的固定螺母。
❽ 取下真空助力器总成。

7.2.2　ABS 泵

一般情况下不建议 ABS 泵总成（图 7-4）拆解维修，如果 ABS 控制单元损坏可进行电子维修。

❶ 沿图 7-5 中箭头 A 方向将保险卡向下压。
❷ 沿图 7-5 中箭头 B 方向松开电气插头。
❸ 拔出电气插头 1。
❹ 准备容器，收集制动液。
❺ 拆卸管路，取下 ABS 泵总成。

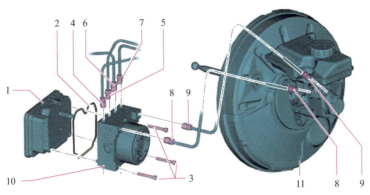

图 7-4　ABS 泵总成

1—ABS 控制单元；2—密封垫；3—星形螺栓；4～9—制动管路；
10—ABS 液压单元；11—真空助力器；12—制动总泵

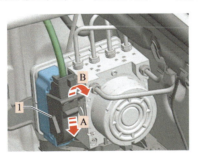

图 7-5　拆下 ABS 泵电气插头

1—电气插头

扫一扫

视频精讲

7.2.3 制动片

前轮制动器拆解如图 7-6 所示。制动盘、制动钳都可以单独更换，且操作比较简单。制动片是消耗件，需定期更换。前制动片拆卸与后制动片拆卸操作一样，但需要用到制动分泵（制动钳）回位调节器（更换制动片专用工具）（参见图 3-41）。

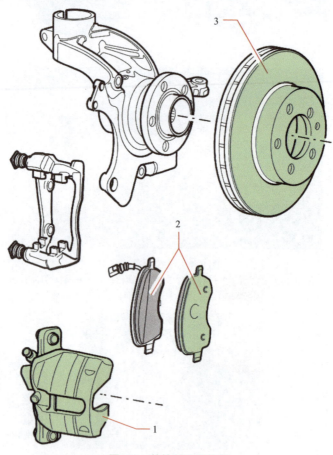

图 7-6 前轮制动器拆解

1—制动钳；2—制动片；3—制动盘

❶ 抵住导向销，从制动钳上拧下两个紧固螺栓（图7-7）。

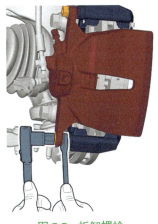

图7-7　拆卸螺栓

❷ 取下制动钳1并用钢丝固定，以免制动钳的重量使制动软管过度承重而损坏（图7-8）。

❸ 将制动片2和3从制动器支架4上取下（图7-8）。

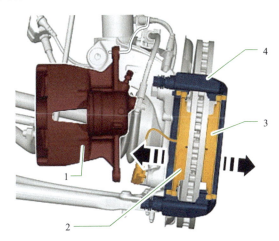

图7-8　拆下制动片

1—制动钳；2,3—制动片；4—制动器支架

7.2.4 制动钳

如果更换制动钳（制动分泵）总成，在更换制动片的基础上多了一步；需要把制动钳的油管拆下，更换完毕后，需要对制动系统排气。制动钳可拆解（图7-9），但不建议对制动钳拆解维修。

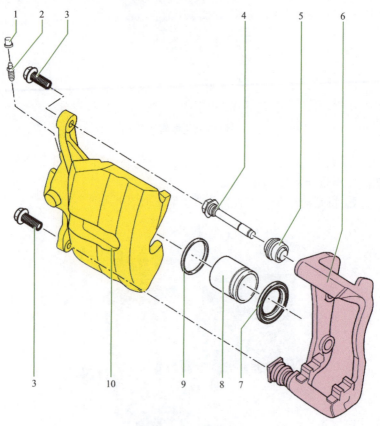

图7-9　制动钳拆解

1—防尘罩；2—排气阀；3—六角螺栓；4—导向螺栓；5—护套；6—制动器支架；7—护罩；8—活塞；9—密封环；10—制动钳

7.3 检查和故障判断

7.3.1 制动钳的检查

❶ 检查制动钳壳体是否开裂、严重磨损和损坏,如果出现上述状况,则需要更换制动钳。

❷ 检查制动钳活塞护罩密封圈是否开裂、破损、有缺口、老化和未在制动钳体内正确安装,如果出现任何上述状况,则更换制动钳。

❸ 检查制动钳活塞护罩密封圈周围和盘式制动衬块上是否有制动液泄漏痕迹,如有则更换制动钳。

❹ 检查制动钳活塞是否能顺畅进入制动钳缸内且行程完整,制动钳缸内制动钳活塞的运动应顺畅且均匀,如果制动钳活塞卡滞或者难以到达底部,则需要更换制动钳。

> **画重点**
>
> 导向螺栓很重要,若卡死制动可能失灵。检查制动导向螺栓是否卡滞或卡死,护套是否开裂或破损。

7.3.2 制动盘的检查

检查制动盘摩擦面,如果出现下述一种或几种情况,则制动盘需要表面修整或更换。
❶ 严重锈蚀和/或点蚀。
❷ 轻微的表面锈蚀。
❸ 开裂和/或灼斑。
❹ 严重变色发蓝。
❺ 深度划痕。

7.3.3　制动系统常见故障原因分析

制动系统常见故障原因分析见表 7-1。

表 7-1　制动系统常见故障原因分析

症状	可能的部件/原因	措施
制动警告灯保持常亮	制动液液位	
	制动液液位传感器	
	制动液液位传感器线束	
制动系统有噪声	制动片（破裂、扭曲、脏污、光滑）	检查制动片
	制动钳支架固定螺栓（松动）	检查制动钳支架固定螺栓
	制动钳固定螺栓（松动）	检查制动钳固定螺栓
	制动盘（有损伤）（前）	检查制动盘表面
	制动钳导向螺栓（磨损）	检查制动钳导向螺栓
制动跑偏	活塞（固定、卡住）	检查制动钳
	制动盘（有损伤）	检查制动盘表面
	制动衬块（破裂、扭曲或油渍）	检查制动片
	制动硬管、软管（扭曲、变形）	检查制动硬管、软管
制动踏板过硬	液压制动助力器（真空泄漏、失效）	检查液压真空助力器
	制动硬管、软管（扭曲、变形）	检查制动硬管、软管
制动踏板过软且制动力不足	制动系统制动液泄漏	检查制动系统制动液
	制动系统中有空气	液压制动系统排气
	制动盘（有损伤）	检查制动盘表面
	制动片（破裂、扭曲、磨损过度或油渍）	检查制动片
	制动总泵（内泄）	检查制动总泵

续表

症状	可能的部件/原因	措施
制动拖滞	制动踏板自由行程（不足）	更换制动踏板总成
	驻车制动拉杆行程（不能调整）	调整驻车制动操纵机构总成
	前部驻车制动拉索（卡住）	更换驻车制动操纵机构总成拉索
	左、右驻车制动拉索（卡住）	更换驻车制动操纵机构总成拉索
	制动片（卡滞）	检查制动片
	活塞（固定、卡滞）	检查制动钳
	真空助力器卡滞	检查真空助力器
	制动总泵（故障）	检查制动总泵

7.3.4　轮速传感器故障诊断

轮速传感器为霍尔效应型，分别安装在前转向节与后轮毂总成上。当车轮旋转时，轮速传感器会产生交变的方波信号，轮速传感器的信号电压值为 1.1～1.9V（图 7-10）。ABS/ESC 控制单元将轮速信号转换成车速信号，并通过 CAN 系统电路传输至其他控制模块。

如果故障诊断仪检测为轮速差异过大，那么可能故障原因有制动灯开关内部接点无法接合或电路开路，轮速传感器本身故障，轮速传感器电源、信号侧电路间歇性互相短路，轮毂损坏，ABS/ESC 控制单元内部故障，另外轮速传感器电路受到电磁干扰也可能出现这种故障。

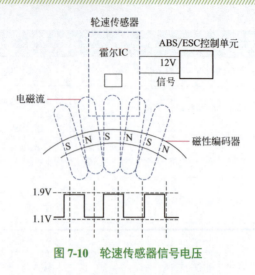

图 7-10　轮速传感器信号电压

7.3.5　真空助力器故障诊断

空气压力传感器安装在制动真空助力器大气侧。其电源由 ABS/ESC 控制单元提供，电压为 5V。ABS/ESC 控制单元会监控传感器的电源电压，当传感器的电源电压异常时，将会影响系统的正常运作。

如果检测到真空助力器或管路泄漏的故障信息，那么可能是确实存在管路泄漏，或者是空气压力传感器问题，还可能是 ABS/ESC 控制单元故障。

> **画重点**
>
> ABS/ESC 控制单元接收空气压力传感器检测到的真空压力值，当 ABS/ESC 控制单元检测到真空助力器的真空压力不足时，ABS/ESC 控制单元会发送作动信号至液压单元，使其主动建立制动液压，以提升制动效率。当系统主动建立制动液压时，制动踏板可能会有轻微的振动，并且会听到机械噪声，此为正常现象。

7.3.6　电磁阀故障诊断

电磁阀位于 ABS/ESC 控制单元内部，主要作用为控制液压单元内部的机械阀体，进而控制各车轮制动分泵内的制动压力。

如果故障诊断仪执行故障诊断显示电磁阀故障，那么通常故障在 ABS/ESC 控制单元内部，唯一方案就是更换 ABS 泵。

7.3.7　制动灯开关故障诊断

制动灯开关位于制动踏板总成上方，可为 ABS/ESC 控制单元提供制动状态信号，以及控制车辆的制动灯。

如果故障诊断仪诊断显示制动灯开关回路故障，那么可能是制动灯开关本身故障，也可能是 ABS/ESC 控制单元内部故障。

第8章 起动机拆装与检修

8.1 必备常识

8.1.1 起动机接线端子

启动系统主要由蓄电池、点火开关、启动机、启动继电器和相关线路组成。起动机的电磁开关绝缘盖上有三个接线柱，分别是 B（或 30）接线柱、M（或 C）接线柱和 S（或 50）启动接线柱（图 8-1）。

扫一扫

视频精讲

图 8-1 起动机电磁开关绝缘盖上的接线柱

8.1.2 启动过程

启动系统启动过程框图如图 8-2 所示。

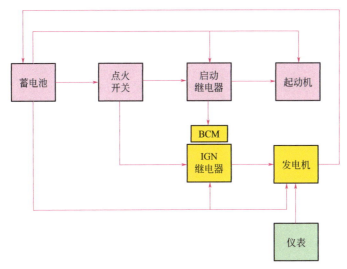

图 8-2 启动系统启动过程框图

当点火开关置于 Start（启动）位置时，离散信号被提供至车身控制单元，告知其点火开关已置于 Start（启动）位置。然后，车身控制单元发送信息至发动机控制单元通知已请求启动。

发动机控制单元确认变速器置于驻车挡或空挡后，向启动继电器的控制电路提供 12V 的电压。这时，蓄电池正极电压通过启动继电器的开关侧提供至起动机电磁线圈的 S 端子。

如图 8-3 所示，起动机电磁线圈 S 端子电流流动激活电磁线圈，电磁线圈产生磁场，吸拉铁芯及拨叉并推动驱动齿轮，使它与飞轮啮合，驱动飞轮，曲轴旋转，发动机经过一系列电子控制和机械运动过程，点火启动。

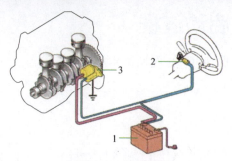

图 8-3 启动系统
1—蓄电池；2—点火开关；3—起动机

8.1.3 启停系统

启停系统正常工作时，发动机将在车辆即将停止时自动关闭，并在车辆起步时自动启动。

如果指示灯 Ⓐ 亮起，发动机自动启停系统可用；如果指示灯 ⓐ 亮起，发动机自动启停系统不可用。在可关闭启停系统的车辆中，当手动关闭时，该指示灯也亮起。

带有自动驻车功能的车辆，车辆即将停止时踩住制动踏板，发动机停止运转，松开制动踏板和电子驻车制动器，或踩加速踏板即可重新启动发动机。无自动驻车功能的车辆，在车辆即将停止时踩住制动踏板使发动机停止运转后，如挂入 P 挡并松开制动踏板，发动机仍会保持停止运转状态，如再踩制动踏板从 P 挡挂入其他挡位，发动机会立即重启。

8.2 操作程序及手法

8.2.1 起动机的拆卸与分解

❶ 断开蓄电池的接地端。

❷ 从起动机电磁线圈上断开导线连接。
❸ 拧下两个固定起动机的螺栓并拆下起动机。
起动机拆解如图 8-4 所示。

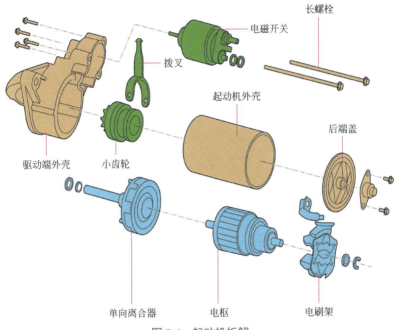

图 8-4　起动机拆解

8.2.2　起动机保养

酌情对起动机进行保养。起动机电机是不可维修的。
❶ 用砂纸打磨换向器，检查轴承铜套磨损情况，对轴承和铜套进行润滑。
❷ 检查电刷磨损情况，保证其与集电极之间接触良好。电刷可单独更换（图 8-5）。
❸ 清洁并润滑齿轮机构（图 8-6）。

图 8-5 起动机可保养零部件

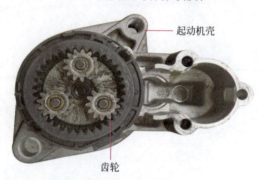

图 8-6 齿轮机构

8.2.3 拆卸起动机电磁开关

如图 8-7 所示。

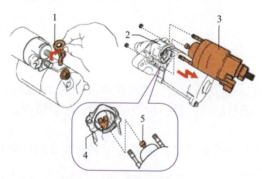

图 8-7 拆卸起动机电磁开关

1—引线；2—起动机外壳；3—起动机电磁开关；4—拨叉；5—柱塞钩

❶ 拆下螺母并断开引线。
❷ 拆下两个螺母并将起动机电磁开关拉到后侧。
❸ 向上拉起动机电磁开关的顶端，从拨叉中取出柱塞钩。
❹ 拆下电磁开关。

8.2.4　检查电刷

电刷被弹簧压在换向器上。如果电刷磨损程度超过规定限度，弹簧的夹持力将降低，与换向器的接触将变弱，这会使电流的流动不畅，起动机可能无法转动。清洁电刷并用游标卡尺测量电刷长度（图 8-8）。测量电刷中部的长度，因为此部分磨损最严重。用游标卡尺的顶端测量电刷长度，因为磨损部位呈圆形。如果上述测量值小于规定值，应更换电刷。

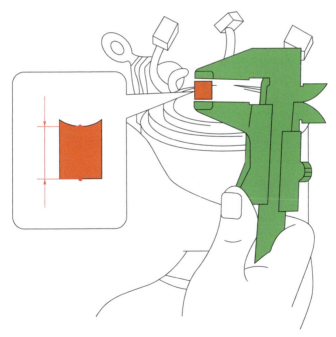

图 8-8　检查电刷

8.3 检查和故障判断

8.3.1 对影响启动的装置的检查

❶ 检查有否影响启动、充电或点火系统操作的改加装置。

❷ 检查易于接触或能够看到的系统部件，以查明是否有明显损坏或存在可能导致故障的情况。

❸ 如果更换过蓄电池，检查蓄电池规格是否与车辆相匹配。

❹ 检查蓄电池的状态，蓄电池电压不得小于 11V。

❺ 检查相关导线是否存在损坏，检查起动机、点火开关、蓄电池和所有相关接地点的连接是否可靠。

❻ 如果蓄电池、导线和开关均正常，并且发动机功能也正常，拆卸并测试起动机。

❼ 当充电系统正常工作时，将点火开关拧到 ON 位置，充电指示灯点亮，发动机启动后指示灯熄灭。

❽ 检查发电机是否松动或安装不当，以及传动带预紧力是否正常，是否存在打滑的可能。

8.3.2 电磁开关的检查

（1）**检查电磁开关柱塞回位情况** 用手指按住柱塞，松开手指后，检查柱塞是否很顺畅地返回其原来位置（图 8-9）。如果柱塞的运行不正常，应更换起动机电磁开关总成。

小提示

由于电磁开关在柱塞中，如果柱塞无法顺畅地返回其原始位置，开关的接触情况将变差，可能导致无法启动或停止起动机。

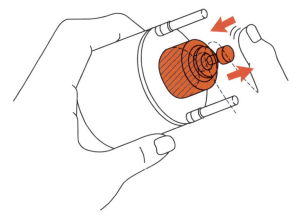

图 8-9　检查柱塞回位情况

（2）检查电磁开关的导通情况　用万用表检查端子 50 和端子 C 之间的导通情况（牵引线圈中的导通检查）：如果牵引线圈正常，则两个端子之间为导通（图 8-10）；如果牵引线圈断开，则柱塞无法被引入。检查端子 50 和开关体之间的导通情况（保持线圈中的导通检查）：如果保持线圈正常，则端子 50 和开关体之间为导通（图 8-11）；如果保持线圈断开，可牵引柱塞，但是无法保持，因此小齿轮反复伸出和返回。

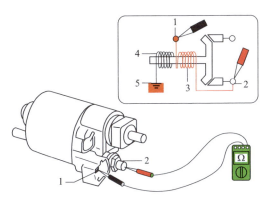

图 8-10　检查导通情况

1—端子 50；2—端子 C；3—牵引线圈；4—保持线圈；5—开关体（接地）

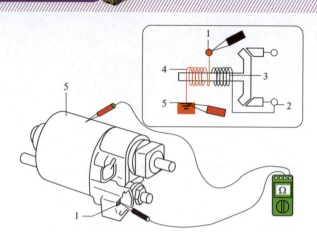

图 8-11 端子 50 和开关体之间的导通性

1—端子 50；2—端子 C；3—牵引线圈；4—保持线圈；5—开关体（接地）

8.3.3 起动机性能测试

（1）牵引测试 将线束从 M 端子上断开，用尽可能粗的线束将完全充电的蓄电池连接到起动机上，如果起动机小齿轮移出，则工作正常（图 8-12）。

小提示

用蓄电池给起动机长时间供电会烧坏线圈，因此每次检查切勿使蓄电池持续连接 10s 以上。

（2）保持测试 将蓄电池从 M 端子上断开，如果小齿轮不缩回，则电磁开关的保持线圈工作正常（图 8-13）。否则更换电磁开关。

（3）小齿轮返回测试 将蓄电池从起动机上断开。如果小齿轮立即缩回，则工作正常（图 8-14）。否则更换电磁开关。

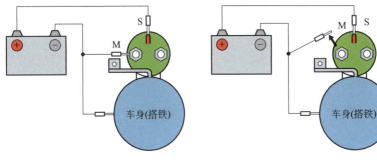

图 8-12　牵引测试　　　　　图 8-13　保持测试

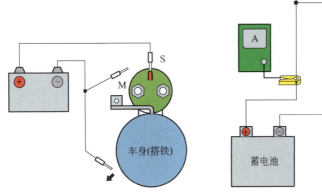

图 8-14　小齿轮返回测试　　　图 8-15　无负荷测试

（4）无负荷测试　检查起动机电磁开关的触点以及换向器和电刷之间的接触。

❶ 将起动机牢固地夹在台虎钳上。

❷ 将线束重新连接到 M 端子上（图 8-15）。

❸ 将蓄电池正极（+）端子连接到 S 端子和 B 端子上。

❹ 将万用表连接在蓄电池正极（+）端子和 B 端子之间。

❺ 将蓄电池负极（-）端子连接到起动机体上，确认启动机启动且持续运转。

145

> **小提示**
>
> ◆ 蓄电池电压为 11.5V 时，如果电流与规定值相符，则起动机工作正常。
> ◆ 在无负荷测试中，电流会随起动机的不同而略有不同。
> ◆ 务必使用足够大的电流量程和相匹配的导线。

8.3.4 起动机电路

如图 8-16 所示，点火开关处于"ST"位置。

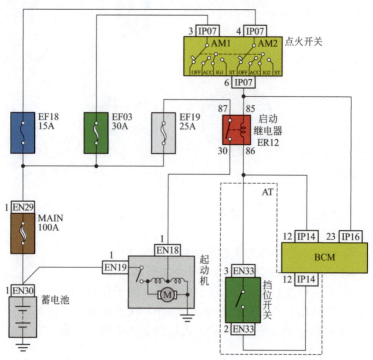

图 8-16 起动机电路

❶ 电源通过机舱 EF19 熔丝至启动继电器 87 号端子。

❷ 电源通过机舱 EF03、EF18 熔丝至点火开关线束连接器 IP07 的 3 号、4 号端子。

❸ 电源通过点火开关线束连接器 IP07 的 6 号端子输出至启动继电器 85 号端子。

❹ 启动继电器 86 号端子接地，在发动机防盗锁止系统及车身防盗报警系统未激活的情况下，继电器线圈通电后工作，使继电器吸合。

❺ 启动继电器吸合后通过 30 号端子输出电源至起动机线束连接器 EN18。

❻ 起动机的电磁开关通电后闭合，形成蓄电池与起动机之间的闭合回路，起动机通过发动机缸体接地，当满足电源和接地这两个条件后，起动机运转并且发动机启动。

第 9 章 发电机拆装与检修

9.1 必备常识

9.1.1 交流发电机

普通交流发电机一般由转子、定子、整流器、端盖等组成（图 9-1）。发电机是汽车主要电源，由汽车发动机驱动，在发动机正常工作时，发电机对除起动机以外所有用电设备供电，并向蓄电池充电以补充蓄电池在使用中所消耗电能。

> **画重点**
>
> 当发动机转动时通过传动带带动发电机转动，它产生的交流电通过二极管整流转变为直流电输送到充电系统。

第 9 章 发电机拆装与检修

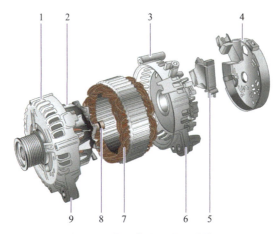

图 9-1 普通交流发电机结构

1—前端盖；2—转子；3,9—固定装置；4—罩盖；5—调节器；
6—后端盖；7—定子绕组；8—滑环

9.1.2 发电机调节器

车辆使用的发电机与发动机一起转动，由于驾驶期间发动机转速频繁改变，使发电机的转速不恒定，如果没有调节器，充电系统不能向用电设备提供恒定的电流，为了保证提供给用电设备的电压，并且按照电量的变化调节，就使用了调节器。

> **画重点**
>
> 电压调节器自动调节发电机的磁场电流以控制电压输出，使其保持在合适的电压范围内。

9.1.3 发电机端子

如图 9-2 所示，ECM 接收来自蓄电池传感器以及来自发电机

图 9-2　发电机端子连接

FR 端子的信号以了解发电系统的状态，并传送控制信号至 C 端子以控制发电机的发电。在不影响蓄电池及各电子系统的运作条件下，减少发电机的发电量，以减轻发动机的负担，进而减少耗油量。

（1）B 端子　连接至蓄电池正极，提供发电机所产生的电流为蓄电池充电以及为各电子系统提供电源。

（2）FR 端子　连接至 ECM，为 ECM 提供发电机的发电状态。

（3）C 端子　连接至 ECM，接收来自 ECM 的控制信号。

（4）L 端子　连接至组合仪表，控制位于组合仪表上的充电系统警告灯。

9.1.4　充电系统警告灯

充电系统警告灯 🔋 在发动机处于静止状态、点火开关置于 ON 位置时会亮起，在发动机运转时会熄灭。

如果交流发电机在运作时发电的电压过高、发电的电压过低或不发电，充电系统警告灯会亮起。

9.2　操作程序及手法

（1）拆卸发电机

❶ 关闭点火开关后断开蓄电池。

❷ 拆卸多楔带。
❸ 拆卸多楔带张紧装置。
❹ 从支架上拆下空调压缩机（各种车型不一样，有些车型不需要拆压缩机即可取出发电机）。
❺ 将空调压缩机固定到支架上，确保制冷剂管路不被拉紧。
❻ 如图 9-3 所示，拆下螺栓。

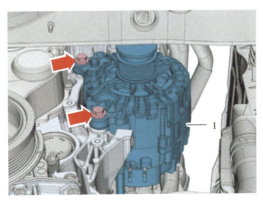

图 9-3　拆下螺栓

小提示

如果三相交流发电机卡在其支架内，则最多再旋转螺栓两圈。用锤子平头侧小心地敲击螺栓头来松开发电机的滑套。

❼ 如图 9-4 所示，将三相交流发电机连同所连接的导线一同从支架中取出。
❽ 脱开电气插头，撬下接线端盖罩。
❾ 拧出螺母，取下接线端（30/B+）。
❿ 向下取出三相交流发电机。
（2）安装发电机　安装以倒序进行，同时要注意以下几点。

❶ 为便于安装三相交流发电机,将螺栓的固定滑套略微往回推。

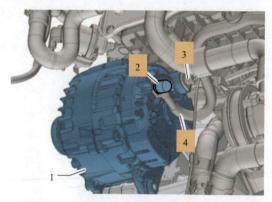

图 9-4 取出发电机

1—发电机;2—接线端盖罩;3—电气插头;4—接线端

❷ 如果滑套移动不灵活,即使以正确的力矩拧紧,其夹紧力仍会过低,因此必须确保滑套移动灵活。

❸ 每次完成操作后都要启动发动机并检查多楔带的运转情况。

9.3 检查和故障判断

9.3.1 发动机就车检查

(1) 电压检测

❶ 确保蓄电池连接良好并且充足电。

❷ 如图 9-5 所示,连接万用表或电流表和电压表。

❸ 启动发动机。

❹ 将发动机转速增至 2000r/min,并保持该转速。

❺ 打开大灯（远光）并测量交流发电机正极端子电压，标准值为 13.5～15.3V。如果电压低于 13.5V，检查发电机控制电路；如果电压超过 15.3V，更换或维修发电机。

（2）电流检测　若电流不低于 60A，则充电系统正常，否则更换交流发电机。

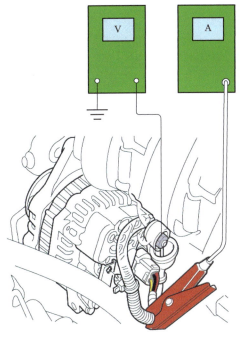

图 9-5　检测发电机

9.3.2　发电机部件检查

用万用表的电阻挡检测定子绕组。正常时，阻值小于 1Ω。如果阻值为无穷大，可以判定绕组断路；如果阻值为零，可判定绕组短路。

❶ 如图 9-6 所示，用万用表进行电路导通性测试，如果电路不

导通，则更换定子。

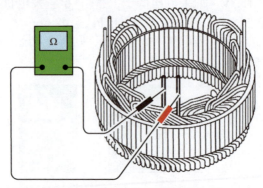

图 9-6　定子绕组的电路导通性测试

❷ 如图 9-7 所示，用万用表进行接地测试，如果电路导通，则更换定子。

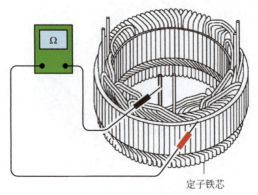

定子铁芯

图 9-7　定子绕组的接地测试

9.3.3　发电机电路

如图 9-8 所示，电压的输出由集成于发电机内部的调节器进行控制。

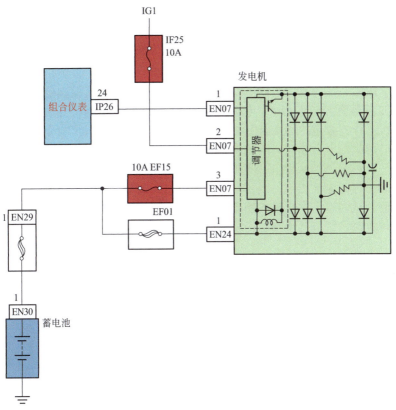

图 9-8 发电机电路

（1）当点火开关处于 OFF 位置时　蓄电池给调节器供电。
（2）当点火开关处于 ON 位置发动机不转动时

❶ 发电机线束连接器 EN07 的 3 号端子有电压，点火开关处于 ON 位置时供给 IG1 继电器 85 号端子电压，继电器吸合。

❷ 通过点火开关 IG1 输出蓄电池电压，经过车内熔丝盒 IF25 熔丝后，供给发电机线束连接器 EN07 的 2 号端子。该电压在使励磁线圈通电后，在线圈周围产生一个磁场。

❸ 发电机线束连接器 EN07 的 1 号端子与仪表 IP26 的 24 号端子相通，EN07 的 1 号端子为发电机充电指示灯的控制端，在发动

机未运转时，该端子提供一个搭铁，使充电指示灯点亮。

（3）当发动机运转时　因为励磁线圈产生磁场，所以定子线圈产生感应交变电压，调节器感测此电压并控制磁场励磁电流，交流电压由三个定子线圈产生，该交流电压经过内置于发电机内部的整流器转换为直流电压。经过调节器调节后的发电机输出电压被施加在车辆蓄电池上和发电机蓄电池端子上的供电电路上。由于发电机工作，发电机线束连接器 EN07 的 1 号端子电压与仪表充电指示灯两侧的电压相同，因此使充电指示灯失去接地连接而熄灭。

（4）当蓄电池充满电时　因为发电机线束连接器 EN07 的 3 号端子与蓄电池相连，当蓄电池充满电时，调节器将减小磁场励磁电流，从而减小发电机的输出电压，防止过充。当蓄电池放电或负载较大时，调节器增加磁场励磁电流以提高发电机的输出电压。

第10章 燃油泵拆装与检修

10.1 必备常识

10.1.1 燃油泵总成

燃油泵总成（图10-1）安装在燃油箱中，电动燃油泵是位于模块化燃油输送器内部的涡轮泵。电动燃油泵的工作由发动机控制单元（ECM）通过燃油泵继电器进行控制。电动燃油泵将提前2s开始供油，保证燃油管路中的油压达到系统压力的要求，其正常电阻值范围为0.2～3.0Ω。

10.1.2 燃油压力调节器总成

燃油压力调节器集成在燃油泵总成上（无回路燃油系统）。燃油压力调节器的主要功能是调节流入燃油供油管路的燃油流量，以控制燃油喷射器处的压力。在点火开关置于ON位置且发动机关闭时，系统燃油压力应在 400kPa 左右。

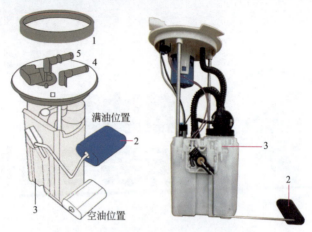

图 10-1　燃油泵总成（模块化燃油输送器）

1—燃油泵密封圈；2—燃油油位传感器（浮子）；3—电动燃油泵；
4—回油管接口；5—供油管接口

10.1.3　燃油油位传感器总成

燃油油位传感器总成由燃油油位浮子和线束臂总成组成（图 10-2）。总成根据滑动片触点位置，向组合仪表提供可变的电路电阻，电阻值范围为 40～300Ω。

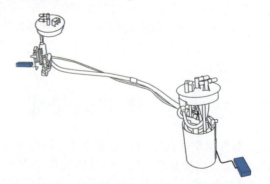

图 10-2　燃油泵总成及燃油油位传感器

10.2 操作程序及手法

10.2.1 拆卸快速接头

如图 10-3 所示,拆卸燃油泵快速接头。将快速接头两侧定位片压下并拉出供油管。如果快速接头卡在燃油泵管口上,可推拉快速接头数次,直到可移动为止,再将快速接头拉出。

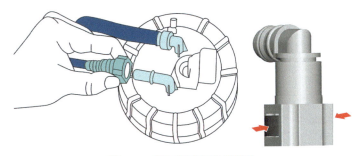

图 10-3 拆卸燃油泵快速接头

小提示

燃油管的插入式接头在连接时必须听到啮合的声音。安装好后拉动一下以保证接头紧固。

10.2.2 更换燃油泵

❶ 拆卸燃油泵盖板。
❷ 断开燃油泵线束连接器。
❸ 断开燃油泵出油管及回油管。
❹ 逆时针拧松并拆卸燃油泵锁环。

小提示

当拧松锁环时要小心燃油泵会一同旋转而造成内部线路拉断或扭曲。

如图 10-4 所示,如果配置副油位传感器,则需要分离副油位油管。无法只拆副油位传感器时,必须将燃油泵拆下才能分开相连的管路。

❺ 如图 10-5 所示,取出燃油泵总成。

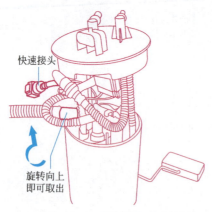

图 10-4　断开副油位传感器插头

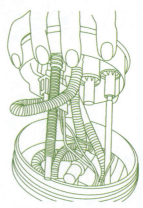

图 10-5　取出燃油泵总成

❻ 安装燃油泵时,依与拆卸相反的顺序进行。

小提示

燃油泵法兰盘上有一箭头对正标记,安装时需将此箭头对准油箱上的标记。拧紧燃油泵固定锁环时,燃油泵盖板必须与燃油泵标记对好。

10.3 检查和故障判断

如图 10-6 所示，无回路燃油系统利用设置在燃油泵模块内的燃油压力调节器，在进气歧管真空压力变化的情况下，仍能提供每一喷油嘴固定的燃油压力。ECM 利用歧管绝对压力传感器检测进气歧管真空压力，并根据进气歧管真空压力补偿喷油嘴的喷射时间，进而控制适当的燃油喷射量。传统系统利用安装在分油管上的燃油压力调节器，并依进气歧管真空压力调节燃油压力。

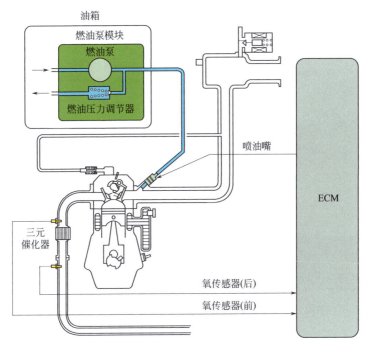

图 10-6　无回路燃油系统

图 10-7 所示为燃油泵电路，图 10-8 所示为燃油泵线束连接器。用万用表检查燃油泵线束连接器端子 3 的电压（表 10-1）。

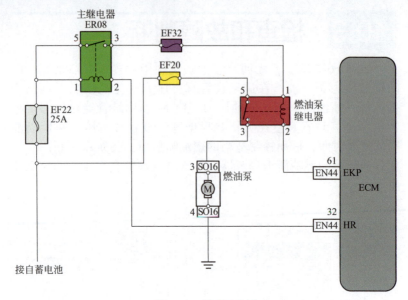

图 10-7 燃油泵电路

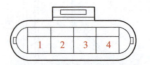

图 10-8 燃油泵线束连接器

表 10-1 检测端子及标准电压

检查部件	万用表连接端子	条件	应测得结果
燃油泵线束连接器	SO16/3- 车身	打开点火开关	蓄电池电压

用万用表检查燃油泵线束连接器与车身接地间的电阻（表 10-2）。

表 10-2 检测端子及标准电阻

检查部件	万用表连接端子	条件	应测得结果
燃油泵线束连接器	SO16/4- 接地	打开点火开关	<1Ω

第11章 氧传感器拆装与检测

11.1 必备常识

11.1.1 氧传感器结构

如图 11-1 所示,氧传感器安装在三元催化器(TWC)上,有前氧传感器和后氧传感器,均为加热型氧传感器。使用 TWC 是为了提高废气中一氧化碳(CO)、碳氢化合物(HC)和氮氧化物(NO_x)的净化率。

氧传感器有一个一端封闭的陶瓷氧化锆管,管的外表面暴露在废气中,内表面暴露在大气中(图 11-2、图 11-3)。

11.1.2 前氧传感器

前氧传感器信号反馈给发动机控制单元(ECM),作为燃油管理系统的闭回路燃油控制补偿控制的重要依据,使燃油管理系统能够更加精确地控制及调整发动机各种工作状态下的空燃比,并在大部分的环境状况下使系统保持理想空燃比,以获得更加优良的汽车排放控制特性和燃油经济性。

氧传感器核心组件允许的最低工作温度为300℃,最高温度一般不超过850℃。加热式氧传感器内部设计有电加热组件,利用系统供电强制使氧传感器加速预热。

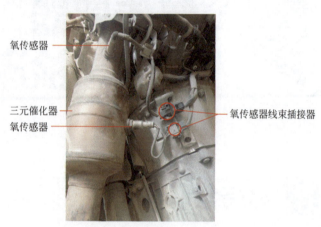

图 11-1　氧传感器安装位置

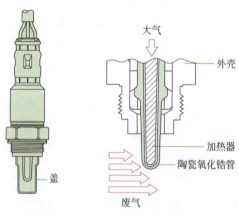

图 11-2　氧化锆氧传感器结构

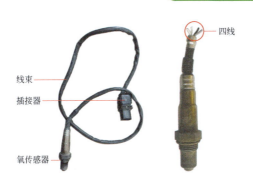

图 11-3　四线氧传感器

11.1.3　后氧传感器

后氧传感器主要作用是监测三元催化器是否老化。当三元催化器已老化时，后氧传感器的输入信号会与前氧传感器的输入信号相近，但会有些时间差（延迟）。ECM 会利用后氧传感器的输入信号与前氧传感器的输入信号计算三元催化器的效率。

11.1.4　宽域氧传感器

宽域氧传感器也称为宽量程氧传感器（图 11-4），宽域氧传感器不断（普通氧传感器是阶跃）测量废气中的残余氧含量，残余氧含量的摆动值以电压信号的形式传送给 ECM，发动机控制系统通过喷射修正混合气成分。

图 11-4　五线宽域氧传感器

宽域氧传感器比普通氧传感器内部多了个氧元泵（类似水泵的原理），在氧元泵上施加电压，氧气被抽送到测量元件中，直到测量元件的电极之间出现一个 0.45V 的电压为止，从而建立理想的空燃比。

一般的四线氧传感器只能判断混合气的浓稀，而随着混合气的控制范围加宽，这样的普通阶跃（窄域）氧传感器无法满足空燃比的控制要求，逐渐开始使用宽域氧传感器，宽域氧传感器不但能监控混合气的浓稀，还能精确地监测具体浓多少或稀多少。

11.1.5 开环

当发动机刚启动且转速高于 400r/min 时，系统进入开环操作。在开环模式中，ECM 忽略来自氧传感器的信号，并根据来自发动机冷却液温度传感器（ECT）的冷却液温度信号和进气压力温度传感器的进气压力信号计算空燃比。直到发动机启动一段时间后，氧传感器电压输出出现变化，显示温度足够高，可以进入正常操作。

11.1.6 闭环

氧传感器是闭环燃油控制系统的一个重要传感器，在闭环中，ECM 根据氧传感器信号计算空燃比，从而使空燃比始终非常接近理论空燃比（14.7∶1，这时氧传感器信号电压为 0.45V），使三元催化器达到最佳的转换效率。当参与发动机燃烧的空燃比变大时，排气中的氧聚集含量增加，氧传感器的输出电压降低，反之输出电压增高，由此向 ECM 反馈空燃比的状况（图 11-5）。

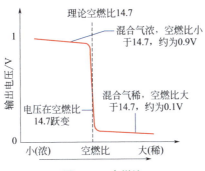

图 11-5 空燃比

小提示

一旦 ECM 确认氧传感器故障，将立即转为开环控制，不再根据氧传感器的信号对空燃比进行调整。

11.2 操作程序及手法

如图 11-6 和图 11-7 所示，安装时氧传感器的导线必须重新固定到原来的位置，并避免导线接触排气管。

图 11-6 拆装氧传感器连接器
1—氧传感器连接器

图 11-7 拆装氧传感器
1—专用工具；2—氧传感器

加热型氧传感器螺纹上采用了一种特殊的防粘剂，该防粘剂由液体石墨和玻璃珠组成，石墨会被烧掉，但玻璃珠会被保留，这使传感器易于拆卸。如果传感器拆下后需要重新安装，则安装前必须在螺纹上重新涂抹防粘剂，以便下次维修拆卸。

小提示

加热型氧传感器连接器必须无油脂、灰尘和其他污染物。不要使用任何类型的清洗剂。切勿掉落或鲁莽操作传感器，如果掉落，需更换新的氧传感器。

11.3 检查和故障判断

11.3.1 氧传感器接线

四线氧传感器接线识别见表11-1。

表11-1 四线氧传感器接线识别

氧传感器插接器/线束	端子	导线颜色	线别作用
	A	灰色	接传感器信号地
	B	黑色	接传感器信号
	C	白色	接传感器加热负极（ECM内部搭铁，加热控制线是占空比控制）
	D	白色	接传感器加热正极

注：各种车型对应的端子颜色不一定完全相同。

画重点

四线氧传感器有三根线和 ECM 连接,其中两根是氧传感器信号线(A、B),剩下一根是加热器线(C,受 ECM 控制),还剩下一根是正极线(D),与主继电器(或燃油泵继电器,根据车型不同而定)连接(图 11-8)。

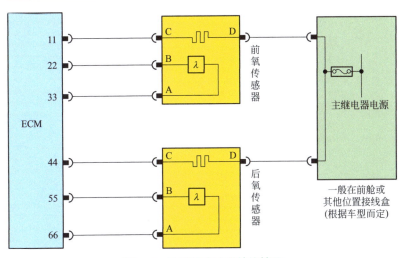

图 11-8　四线氧传感器接线情况

11.3.2　识别氧传感器加热线

氧传感器加热线识别见表 11-2。

表 11-2　氧传感器加热线识别

检查部件	万用表连接端子	条件	应测得结果
前氧传感器接线端	探测某两根线(C-D)	独立氧传感器或就车拔开插接器	有电阻

> **画重点**
>
> 一个单独的四线氧传感器或拔开在三元催化器上安装的氧传感器插接器,用万用表红、黑表笔分别接两根导线,如果两根导线之间存在电阻,那么可以确定这两根线是加热线(图11-9)。

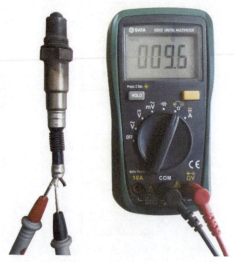

图11-9 检测氧传感器加热线之间的电阻

11.3.3 判断氧传感器加热线的正负

氧传感器加热线正极识别见表11-3。

表11-3 氧传感器加热线正极识别

检查部件	万用表连接端子	条件	应测得结果
前氧传感器接线端(接主继电器端)	接地-D	着车	蓄电池电压

画重点

在着车状态下，万用表就车测量氧传感器加热线电压，如果有一根是蓄电池电压，那么这根导线就是加热线正极，另一根则是加热线负极，其电压小于蓄电池电压且大于 0V。

11.3.4　判断氧传感器信号线的正负

找到两根加热线后，四线氧传感器还剩余两根信号线，用万用表测试即可判断。

（1）方法一　就车检测。

氧传感器信号线正、负极识别见表 11-4。

表 11-4　氧传感器信号线正、负极识别

检查部件	万用表连接端子	条件/状态	应测得结果
氧传感器两根信号线	信号线两端（A-B）	着车	最高 1V

画重点

不拆下氧传感器，拔下氧传感器插接器，利用万用表电压挡，红、黑表笔分别接两根信号线，然后着车加油，直到万用表电压显示到 1V 左右（一般在 1V 以下），如果万用表显示负数值，那么表示黑表笔一端为正极，红表笔一端为负极，如果万用表显示正数值，那么红表笔一端为正极，黑表笔一端为负极。

（2）方法二　独立氧传感器检测。

如图 11-10 所示，拆下氧传感器，用酒精灯等的较大火焰烧氧

传感器，使其温度升高。同样用万用表测其两根信号线之间的电压，直到万用表电压显示到 1V 左右（很难到达 1V，但接近于 1V，不影响极性判断），与就车检测同样的方法判断正、负极。

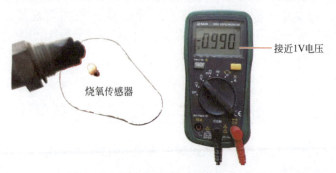

图 11-10　判断氧传感器信号线正、负极

11.3.5　判断氧传感器故障

（1）就车检测氧传感器（四线）　故障诊断仪检测氧传感器，如果显示故障为前氧传感器加热器短路到低电压、前氧传感器加热器短路到高电压、加热型氧传感器电路活性不足、加热型氧传感器响应过慢、混合气浓等氧传感器故障，都可以用万用表来进行检测判断（图 11-11）。

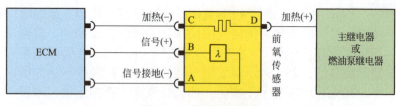

图 11-11　氧传感器电路

❶ 着车，万用表黑表笔搭铁，红表笔测试加热正极，如果不符合表 11-5 中应测得结果，需进一步检查电路和 ECU。

表 11-5 检测氧传感器加热线正极

检查部件	万用表连接端子	条件	应测得结果
氧传感器插接器上导线	搭铁 -D	着车	蓄电池电压

❷ 着车,万用表黑表笔搭铁,红表笔测试加热负极,结果应小于蓄电池电压(表 11-6)。

表 11-6 检测氧传感器加热线负极

检查部件	万用表连接端子	条件	应测得结果
氧传感器插接器上导线	搭铁 -C	着车	<蓄电池电压

❸ 着车,万用表黑表笔搭铁,红表笔测试信号负极(该线进 ECU 搭铁),结果应小于 0.2V(表 11-7)。

表 11-7 检测氧传感器信号负极

检查部件	万用表连接端子	条件	应测得结果
氧传感器插接器上导线	搭铁 -A	着车	< 0.2V

❹ 着车(怠速),万用表黑表笔搭铁,红表笔测试信号正极,结果见表 11-8。

表 11-8 检测氧传感器信号正极

检查部件	万用表连接端子	条件	应测得结果
氧传感器插接器上导线	搭铁 -B	怠速着车	0.3 ～ 0.7V

画重点

怠速情况下,氧传感器信号测得结果应在 0.3 ～ 0.7V 之间变化,而且每次跳变都通过 0.45V,且这种跳变每 10 秒 8 次,那么氧传感器为正常。如果在接近于上述数值范围的 0.1V 上下变化(如 0.2 ～ 0.8V 之间),那么勉强可用,但如果变化太大,氧传感器存在故障,应更换。

（2）氧传感器信号线电压差　正常情况下，氧传感器的信号（地）和信号（+）之间有个电压差，这个电压差为 0.45V 左右（在 0 ~ 1V 之间）。因为 ECU 内部电路设计问题，信号（地）可能就不是完全接地的负极，设计时它可能是个带电压的，如果这个电压是 1.6V，那么加上 0.45V 的电压差就是 2.05V，那么测量信号（+）的电压正常值一定是在 2.05V 左右。

> **画重点**
>
> 氧传感器信号（地）电压为基准电压 0V 时，测得两根信号线间的电压应在 0 ~ 1V 间变化。

（3）检测氧传感器电压变化　观察氧传感器电压值，加油使转速在 2000r/min 以上，如果信号电压能从 0V 升到 1V 左右，那么氧传感器为良好。如果在 0V 不跳变，那么可以确定氧传感器存在故障，需更换。

11.3.6　宽域氧传感器接线

六线宽域氧传感器进入氧传感器端其实也是五根线，到通往 ECU 端为六根线（氧传感器插接器为六针），多的这一根线是微调电阻的，微调电阻是出厂时设定好的，密封在氧传感器插接器内。

图 11-12 和图 11-13 中五根线分别是：两根加热线（加热正极、

图 11-12　六线宽域氧传感器

加热负极,占空比控制),一根虚拟地线,一根氧信号(参考电压),一根氧泵电流信号。如果是六针,那么其中一根是泵电流反馈(微调电阻的)。

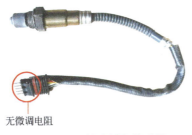

无微调电阻

图 11-13　五线宽域氧传感器

第12章 正时拆装与校对

12.1 必备常识

12.1.1 配气正时

发动机吸入新鲜汽油和空气混合气和排出废气的过程称为换气,通过进气门和排气门控制换气,气门的开启和关闭时刻取决于曲轴转角,这些时刻又称为正时。活塞即将开始向下移动前进气门打开,活塞重新开始向上移动后进气门关闭。排气门的运行方式相似,活塞开始向上移动前排气门打开,活塞重新开始向下移动后排气门关闭。正时的目的是为了增大气缸内的进气量,使气缸内的废气排得更干净,进、排气门需要提前开启、延迟关闭,这样才能保证发动机正常运作。

12.1.2 可变正时

在发动机实际工作过程中,进气门早于上止点打开,迟于下止点关闭，这样设计的目的是为了进气更充分并减少在进气过程中所消耗的功。在排气过程中，排气门早于下止点开启，迟于上止点关闭，其目的是为了减少气缸内的混合气量和减少进气过程所消耗的功。同时，由于进、排气门有一定的重叠角度，即在一定的曲轴转角内进、排气门同时打开，此时由于已经燃烧完成的气体通过排气门排出，形成一定的惯性，带动可燃混合气进入，这样一定程度上有利于进气更充分。但不是气门重叠的角度越大越好，在不同的工况下对气门的重叠角度要求不尽相同，因此很多发动机采用了进气门可变正时，其目的是满足发动机在不同工况下对进气门开启角度的需求。延迟关闭气门，可以提高体积效率，延迟关闭气门时间越长，高转速下的性能就越高，反之越提前关闭气门，低转速下的运转越稳定，转矩越大。

画重点

如图12-1所示，VVT可变正时系统主要的原理是在凸轮轴上加装一套液力机构，通过ECM在一定角度范围内对气门开启、关闭的时刻进行调节，或提前、或延迟、或保持不变。凸轮轴正时齿轮的外转子与正时驱动相连，内转子与凸轮轴相连。外转子可以通过液压油间接带动内转子，从而实现一定范围内的角度提前或延迟。

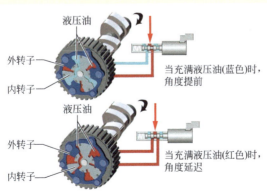

图12-1　VVT可变正时系统

12.1.3 配气机构

凸轮轴位于发动机顶部,控制气门。凸轮轴轴颈上的钻孔用作油道。机油在压力作用下流到凸轮轴,润滑各凸轮轴轴颈。机油通过气缸盖上的回油孔返回油底壳。凸轮凸角经机加工而成,在适合的时间,按合适的量,准确开闭进、排气门。凸轮凸角通过从凸轮轴轴颈溢出的高压机油的飞溅作用进行润滑。

凸轮轴的驱动由正时链条完成(图12-2)。正时链条系统由正时链条、正时链条导向轨、正时链条张紧轨、作用在正时链条张紧轨上的正时链条张紧器组成。其中正时链条张紧器的张紧力由机油泵提供,能保证正时链条的张紧程度保持恒定。

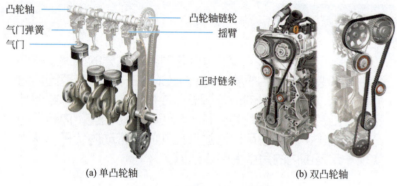

(a) 单凸轮轴　　　　　　　(b) 双凸轮轴

图 12-2　配气机构部件及结构

12.2　拆装工具

图12-3和图12-4所示为宝马不同型号发动机使用的正时专用工具。由于发动机的不同,拆装和校对发动机正时机构的专用工具不一样。如图12-5所示,宝马正时机构拆装需要用专用工具进行凸轮轴定位。

图 12-3　宝马正时专用工具（一）

图 12-4　宝马正时专用工具（二）

凸轮轴的正时链轮需要专用工具定位

正时链条

图 12-5　宝马正时链条的拆装

扫一扫

视频精讲

12.3　操作程序及手法

正时校对是非常重要的问题，发动机不同，正时机构的复杂程度不一样，校对方法不一样，使用的专用工具不一样。所以，因发动机的不同，正时校对的操作没有可复制性。

12.3.1 单凸轮轴正时校对

如图12-6所示,转动曲轴带动凸轮轴正时齿轮转至1缸上止点处,凸轮轴正时齿轮的标记必须与齿形带后护罩的标记对齐。

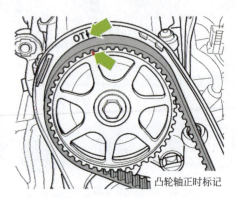

凸轮轴正时标记

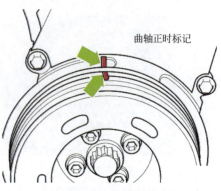

曲轴正时标记

图12-6 单凸轮轴正时校对

12.3.2 双凸轮轴正时校对

如图12-7所示,确认进气VVT链轮及排气链轮正时标记所处位置,以保证1缸处于压缩上止点位置。如果位置不正确,旋转曲轴进行调整。

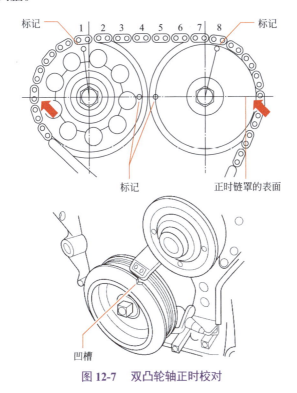

图 12-7　双凸轮轴正时校对

12.4　检查和故障判断

12.4.1　正时机构故障诊断

如果装配时正时标记没有对准，正时齿带或正时链条跳齿，轻则加速不良，排气管放炮，不能着车，严重的可能还会导致气门和活塞损坏。

12.4.2 电气故障诊断

(1)曲轴位置传感器故障 如果曲轴位置传感器发生故障，ECM接收"正时错误"的信号，供油系统不能喷油，点火系统没有高压电，发动机不能启动。

ECM使用曲轴位置信息生成点火正时和燃油喷射脉冲，然后控制点火线圈和燃油喷射器。曲轴位置传感器（CKP）信号输入给ECM，如果ECM监测到曲轴位置传感器信号不良或不正确时，将记录故障，与凸轮轴位置的相对位置不正确时也会记录故障。

(2)凸轮轴位置传感器故障 如果在发动机运行时凸轮轴位置传感器信号丢失，燃油喷射系统将转换到根据最后一个燃油喷射脉冲计算的顺序燃油喷射模式，而发动机将继续运行。即使故障存在，发动机也可重新启动，但发动机工作不良，怠速不稳，加速无力。有些车可能还会伴有"放炮"（放炮是混合气浓，回火是混合气稀）、加速熄火现象。

ECM接收凸轮轴位置传感器信号用作同步脉冲，按适当顺序触发燃油喷射器。ECM利用凸轮轴位置传感器信号指示做功行程期间1缸活塞的位置，ECM由此可计算实际的燃油喷射顺序。

扫一扫

视频精讲

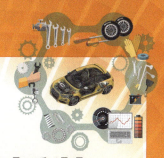

第13章 空调拆装与检测

13.1 必备常识

13.1.1 空调系统组成

如图 13-1 所示，汽车空调制冷系统的主要部件有压缩机、储液干燥器、蒸发器、冷凝器以及空调硬管、软管等。其基本原理就是利用制冷剂由液态转变为气态或气态转变为液态的过程，吸收或释放热量。

空调系统按照功能分为五个子系统，即制冷系统、采暖系统、通风系统、控制系统和空气净化系统，其中空气净化系统根据车辆配置而定。

13.1.2 空调制冷循环

(1) 基本原理 空调制冷剂的沸点很低，其经过膨胀阀后在蒸发器内膨胀，汽化吸热，蒸发器温度降低。鼓风机将空气从蒸发器表面吹过，蒸发器吸收空气的热量，空气温度降低后吹入驾驶室。

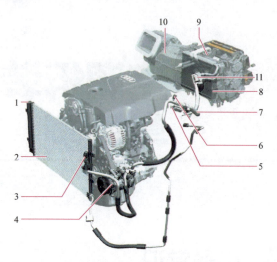

图13-1　汽车空调制冷系统

1—储液罐（带有干燥罐）；2—冷凝器；3—制冷剂压力和温度传感器；4—压缩机；5—快速接头；6—保养接头；7—制冷剂管；8—蒸发器；9—空调器；10—空气进气箱；11—膨胀阀

（2）制冷循环过程　如图13-2所示，制冷剂循环分为低压气态、高压气态、高压液态、低压液态几个回路。空调制冷剂在管道内进行气态与液态循环。

❶压缩过程：低温低压的气态制冷剂被压缩机吸入，并压缩成高温高压的制冷剂气体。该过程的主要目的是增压，这一过程是以消耗机械功作为补偿。在压缩过程中，制冷剂状态不发生变化，而温度、压力不断上升，形成过热气体。

❷冷凝过程：制冷剂气体由压缩机排出后进入冷凝器。此过程的特点是制冷剂的状态发生改变，即在压力和温度不变的情况下，由气态逐渐向液态转变。冷凝后的制冷剂液体呈高温高压状态。

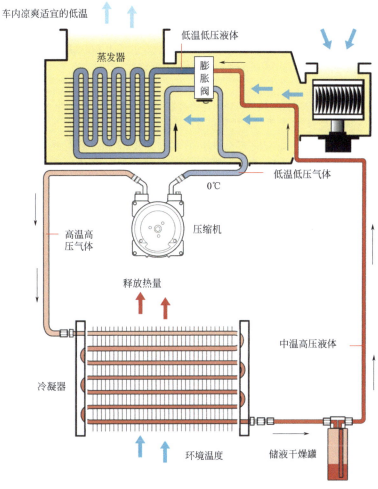

图 13-2 制冷剂循环

❸ 膨胀过程：高温高压的制冷剂液体经膨胀阀节流降压后进入蒸发器。该过程的目的是使制冷剂降温降压、调节流量、控制制冷能力。

> **画重点**
>
> 膨胀过程中,制冷剂经过膨胀阀时,压力、温度急剧下降,由高温高压液体变成低温低压液体。

❹ 蒸发过程:制冷剂液体经过膨胀阀降温降压后进入蒸发器,吸热制冷后从蒸发器出口被压缩机吸入。此过程的特点是制冷剂由液态变成气态,此时压力不变。节流后,低温低压液态制冷剂在蒸发器中不断吸收汽化潜热,即吸收车内的热量又变成低温低压的气体,该气体又被压缩机吸入,再次进行压缩。

13.1.3　空调操控和送风

图 13-3 所示为全自动空调的操控面板,按下 CLEAN AIR 按钮,接通净化空气全自动空调的车内空气循环运行模式,此时按钮上的指示灯亮起。工作时,在保证最大化降低因车内空气湿度和车外温度所引起的结雾风险的情况下,空调将自动切换车内空气循环运行模式,由此调整并持续适配车内空气循环成分,以防止乘员产生疲劳感。

图 13-3　全自动空调的操控面板

使用 REST 按钮打开和关闭余热功能。在发动机处于热态且点火开关已关闭的情况下,可以利用发动机的余热给车内保温。在 30min 后或汽车蓄电池电量较低时,该功能关闭。

全自动空调系统中利用控制面板外侧旋转调节器调整驾驶员侧和前乘客侧的温度。外侧旋转调节器上方的显示屏显示设定的温度。空气通道及出风口布置如图 13-4 所示。

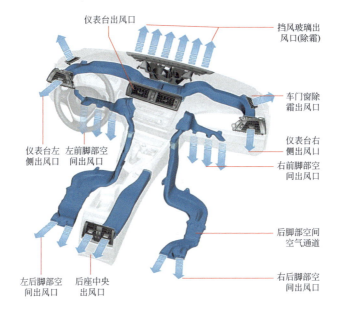

图 13-4　空气通道及出风口布置

13.2　检测设备与仪表

空调系统的检测设备与仪表主要有空调制冷剂加注机（主要用于空调制冷剂的回收与加注）和歧管压力表、检漏仪等，维修用得最多的是歧管压力表。

（1）空调制冷剂加注机　加注机一次连接就能完成空调系统排放、排空和重新加注程序。回收和排空期间都要过滤制冷剂，以保证向空调系统加注的制冷剂清洁、干燥。加注机的类型很多，所有加注机都能完成空调系统排放、制冷剂回收、系统排空、定量添加制冷剂和重新加注制冷剂等各种任务。

（2）歧管压力表　歧管压力表组包括高压侧压力表（H）、低压侧压力表（L）、软管及切断阀（图13-5），加注制冷剂和冷冻油时，需要配合一个真空泵来使用。

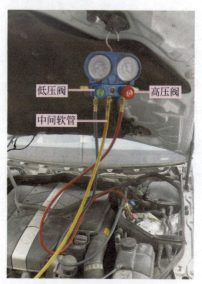

图 13-5　歧管压力表组

如图 13-6 所示，顺时针方向旋转切断阀，空调系统压力管上的空调检修阀开启；逆时针方向旋转切断阀，空调检修阀关闭。

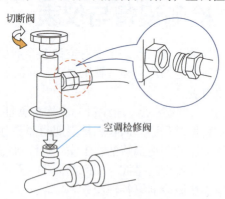

图 13-6　切断阀操作

13.3 操作程序及手法

13.3.1 高压端加注制冷剂

小提示

高压端加制冷剂方便快捷。高压端加注制冷剂适用于制冷系统的第一次加注，经过检漏、抽真空后的系统加注。注意，从高压侧向系统加注制冷剂时，发动机处于不启动状态（压缩机停转），不要打开歧管压力表上的低压手动阀，以防产生液压冲击。

❶ 如图 13-7 所示把绿色软管连接到歧管压力表中部，中间软管的另一端与真空泵连接，进行抽真空操作。关闭歧管压力表上的高、低压手动阀，观察压力表，几分钟后歧管压力表的读数应该不变。

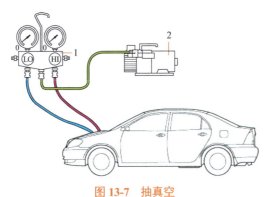

图 13-7 抽真空

1—歧管压力表；2—真空泵

❷ 如图 13-8 所示，将中间软管的一端与制冷剂瓶注入阀的接

头连接。打开高压手动阀至全开位置。从高压侧注入规定量的制冷剂（各种车型制冷剂加注量有所差别，一般在水箱框架贴有制冷剂加注量的标签）。

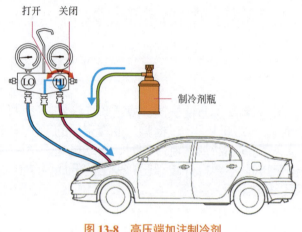

图 13-8　高压端加注制冷剂

13.3.2　低压端加注制冷剂

通过歧管压力表上的低压手动阀，可向制冷系统的低压侧加注气态制冷剂。

❶ 连接好歧管压力表，抽真空后加制冷剂。

❷ 接入制冷剂瓶，拧松中间注入软管在歧管压力表上的螺母，直到听见有制冷剂流动声，然后拧紧螺母，从而排出注入软管中的空气。

❸ 如图 13-9 所示，关闭高压手动阀，将制冷剂瓶直立，启动发动机，使空调压缩机运转，打开低压手动阀，使制冷剂从低压侧注入，当系统的压力达到 0.4MPa 左右时，关闭低压手动阀和制冷剂瓶开关阀。

❹ 将鼓风机开关和温控开关都调至最大。

❺ 再次打开歧管压力表上的低压手动阀，让制冷剂继续进入

制冷系统,直至加注量达到规定值。

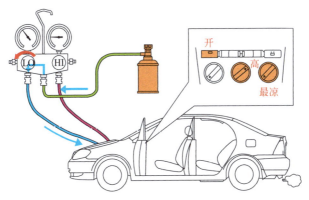

图 13-9 低压端加注制冷剂

❻ 如图 13-10 所示,在向系统中加注规定量制冷剂之后,通过视液孔观察,确认系统内无气泡、无过量制冷剂。

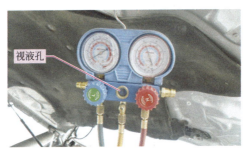

图 13-10 通过视液孔观察

❼ 加注完毕后,关闭歧管压力表上的低压手动阀,关闭装在制冷剂瓶上的注入阀,使发动机停止运转,拆卸歧管压力表。

13.3.3 加注冷冻油

更换压缩机(图 13-11)、蒸发器、冷凝器空调系统零部件,或发现空调系统严重泄漏后,根据规定量加注冷冻油。

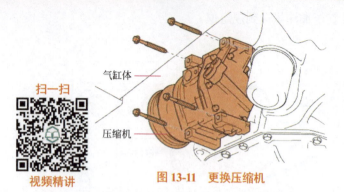

图13-11　更换压缩机

❶ 按抽真空的方法先对制冷系统抽真空。

❷ 选用一个有刻度的量杯，加入比要补充的冷冻油还要多的冷冻油。

❸ 将低压软管从表组一端卸下并伸进冷冻油中，高压软管仍接高压检修阀，中间软管仍接真空泵。

❹ 开启真空泵，打开高压手动阀，冷冻油便被吸入压缩机中。

❺ 按抽真空法加注冷冻油后，对制冷系统抽真空，加注制冷剂。

13.3.4　更换膨胀阀

膨胀阀与蒸发器相连，安装于蒸发器的一端，位于蒸发器进口，膨胀阀的一侧连接着空调压缩机的进、排气管，一侧连接着蒸发器的进、排气管，在液体管路内对高压液态制冷剂形成限制，使制冷剂流向蒸发器时成为低压液体。

> **画重点**
>
> 膨胀阀作为制冷剂循环回路中高压和低压部分的一个分隔点，安装在蒸发器前。为了使蒸发器实现最佳制冷能力，系统根据温度和压力调节经过膨胀阀的制冷剂流量。

（1）拆卸膨胀阀

❶ 回收空调制冷剂。

❷ 如图 13-12 所示，拆卸膨胀阀与蒸发器接口的空调管，细管为高压管，粗管为低压管。

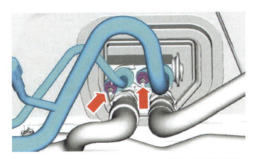

图 13-12　拆卸膨胀阀与蒸发器接口的空调管

❸ 如图 13-13 所示，拆下膨胀阀与蒸发器的紧固螺栓，将膨胀阀从蒸发器芯上拆下。

❹ 拆下 O 形密封圈。拆下来的 O 形密封圈直接报废，不得再次使用。

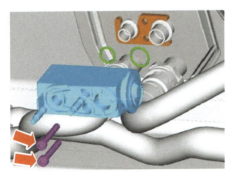

图 13-13　拆下膨胀阀与蒸发器的紧固螺栓

扫一扫

视频精讲

（2）安装膨胀阀

❶ 更换新的 O 形密封圈，并将其安装到蒸发器芯管上。

❷ 将膨胀阀安装到蒸发器芯上。

❸ 安装膨胀阀与蒸发器的紧固螺栓,并将其紧固至 5N·m。
❹ 安装膨胀阀与蒸发器接口的空调管。

13.4 检查和故障判断

空调系统会依照驾驶员和乘客所选择的温度来控制车内温度,而不受车外温度的影响,自动调节,分别接收车外温度传感器、车内温度传感器、进气温度传感器、日照传感器的输入信号来控制。鼓风机会根据设定的温度、车外温度、车内温度、蒸发器温度与日照量来进行风扇速度的自动控制。如图 13-14 所示,按下 A/C 开关时,空调控制单元输送压缩机 ON 信号至 ECM。ECM 再根据其他信号(如制冷剂压力、节气门位置、发动机冷却水温度、发动机转速等信号)来判断是否可以开启压缩机。如果 ECM 判断压缩机可以开启,则其会传送信号来开启 A/C 继电器以操作压缩机。

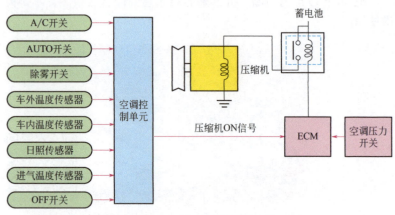

图 13-14 自动空调原理框图

空调系统的压力异常,使用歧管压力表可以进行排查。表 13-1～表 13-6 中,歧管压力表刻度上的红色和蓝色标记表示正常压力范围。

表 13-1　高压侧与低压侧压力都太高

歧管压力表	制冷剂循环	可能原因	排除措施
	泼水到冷凝器上后压力很快下降	制冷剂回路中过度加注制冷剂	减少制冷剂量直至规定的压力
	冷却风扇吸气不足	冷凝器冷却性能不足；冷凝器和散热器翅片阻塞；冷却风扇转动异常	清洁冷凝器和散热器；检查冷却风扇
	低压管不冷；压缩机停止后，高压值快速下降，之后接着再缓缓下降	冷凝器热交换不良；制冷剂循环回路中有空气	抽真空并重新加注制冷剂
	发动机容易过热	发动机冷却系统发生故障	检查发动机冷却系统
	低压管部分会比靠近蒸发器出口还要冷，管面有时会结霜	低压侧有过多的液体制冷剂；制冷剂输出量过大；膨胀阀调整不当，开度大	调整或更换膨胀阀

表 13-2　高压侧压力太高而低压侧压力太低

歧管压力表	制冷剂循环	可能原因	排除措施
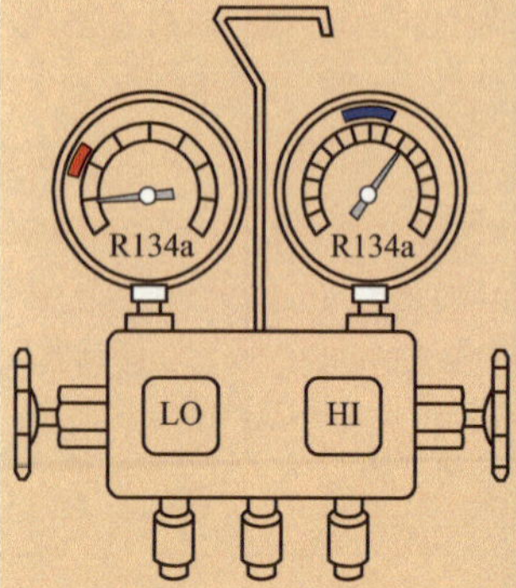	冷凝器上侧与高压侧极热，但储液罐没那么热	高压管或位于压缩机与冷凝器之间的零件阻塞或压扁	检修或更换故障的零件；检查空调系统油液是否污染

表 13-3　高压侧压力太低而低压侧压力太高

歧管压力表	制冷剂循环	可能原因	排除措施
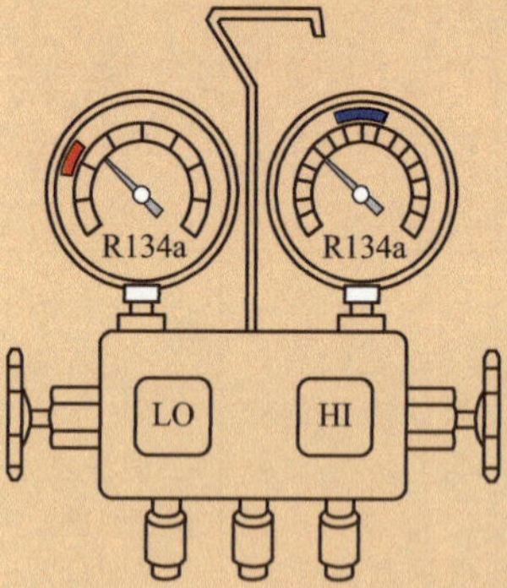	高压侧与低压侧在压缩机停止作用后均压太快	压缩机故障	更换压缩机
	高压侧与低压侧之间没有温度差	压缩机故障	更换压缩机

表 13-4　高压侧与低压侧压力都太低

歧管压力表	制冷剂循环	可能原因	排除措施
高压侧与低压侧都太低	干燥器出口与入口之间的温差太大；出口温度极低；储液罐入口与膨胀阀结霜	储液罐内部阻塞	更换储液罐；检查空调系统油液是否污染
	膨胀阀入口的温度相较于靠近储液罐的部位过低；膨胀阀入口可能结霜；高压侧有些地方有温差	干燥器与膨胀阀之间的高压管阻塞	检查并修理故障的零件；检查空调系统油液是否污染
	阀本身结霜时，膨胀阀入口与出口间的温差极大	膨胀阀故障；出口与入口可能阻塞	更换膨胀阀；使用压缩空气清除异物；检查空调系统油液是否污染
	低压管部分比靠近蒸发器出口处还要冷	低压管阻塞或压扁	检查并修理故障的零件；检查空调系统油液是否污染
	气流量太低	蒸发器结冰	检查进气温度传感器电路；更换压缩机

表 13-5　低压侧有时变成负压

歧管压力表	制冷剂循环	可能原因	排除措施
	空调系统没有发挥正常功能且没有循环冷却车厢内的空气。在压缩机停止与重新启动后系统会稳定作用一段时间	制冷剂没有循环输出；膨胀阀出口与入口有水分冻结；水分混入制冷剂中	从制冷剂中排出水分或更换制冷剂；更换储液罐

表 13-6　低压侧变成负压

歧管压力表	制冷剂循环	可能原因	排除措施
	储液罐或膨胀阀前后侧结霜或有凝结水	高压侧堵死，制冷剂无法流通；膨胀阀或储液罐结霜	更换膨胀阀；更换储液罐；检查空调系统油液是否污染

扫一扫

视频精讲

第14章 减振器拆装与检修

14.1 必备常识

14.1.1 麦弗逊式独立悬架

麦弗逊式独立悬架（图14-1）目前在轿车中应用很广泛。麦弗

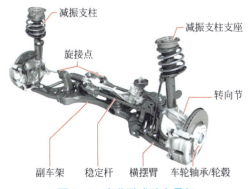

图14-1 麦弗逊式独立悬架

扫一扫

视频精讲

逊式独立悬架结构较简单，布置紧凑，用于前悬架时能增大两前轮内侧的空间，故多用于发动机前置前轮驱动的轿车。前轮采用麦弗逊式独立悬架时，前轮定位各参数的变化范围较小，除前束可调整外，其他参数基本不可调整。

14.1.2　螺旋弹簧式非独立悬架

螺旋弹簧式非独立悬架（图14-2）一般只用于轿车的后悬架。两根纵向推力杆的中部与后桥焊接为一体，前端通过带橡胶的支承座与车身以铰链连接，后端与轮毂相连。

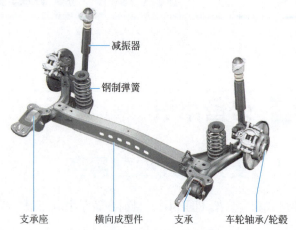

图 14-2　螺旋弹簧式非独立悬架

螺旋弹簧的上端装在弹簧上座中，下端则支承在减振器外壳上的弹簧下座上，它只承受垂直力。减振器的上端与弹簧上座一起装在车身底部的悬架支座中，下端则与纵向推力杆相连。

14.1.3　梯形连杆式悬架

梯形连杆式后悬架（图14-3）的减振支柱直接支承在车轮支座上。

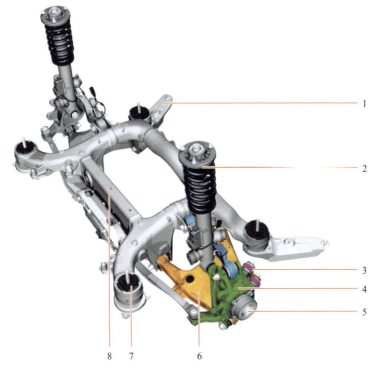

图 14-3　梯形连杆式后悬架

1—推力杆；2—减振器；3—整体式摆臂；4—车轮支座；5—车轮轴承；6—下控制臂；
7—后桥橡胶支座；8—后梁（副车架或称后桥托架）

14.1.4　空气悬架

空气悬架（图 14-4）是采用空气减振器（图 14-5）的悬架结构。空气减振器中不像传统减振器那样充满油液，而是用一个空气泵向其充入空气，通过控制空气泵，便可以调整空气减振器中的空气量或压力，因此空气减振器的硬度和弹性系数是可调的，空气被压缩得越多，弹性系数越大，可以提高行驶舒适性和稳定性。

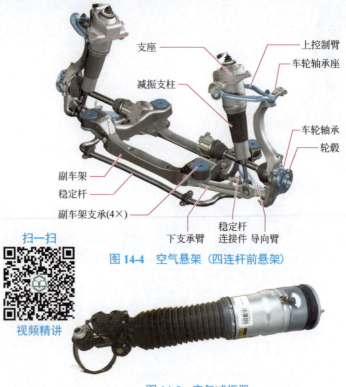

图 14-4 空气悬架（四连杆前悬架）

图 14-5 空气减振器

14.2 操作程序及手法

14.2.1 拆卸前减振器

（1）前减振器支柱与螺旋弹簧总成的拆卸

❶ 拆下前车轮。

❷ 将轮速传感器（前轮）线束与前制动软管从减振器支柱上分离。

❸ 如图 14-6 所示，拆开减振器支柱与连杆之间的固定螺母 1，接着将连杆从减振器支柱上分离；拆开减振器支柱与前转向节总成之间的固定螺栓 2、3 与螺母 4、5。

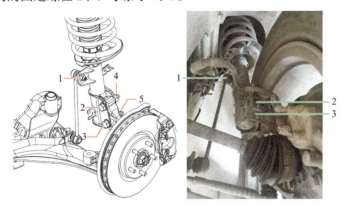

图 14-6　前减振器
1,4,5—螺母；2,3—螺栓

❹ 使用适当的绳索支撑吊挂前转向节总成。
❺ 打开发动机的机舱盖，拆下关联附件。
❻ 如图 14-7 所示，使用适当工具拆下前减振器上盖固定螺母 1～3。
❼ 拆下前减振器支柱与螺旋弹簧总成（图 14-8）。

图 14-7　拆卸前减振器上盖固定螺母　　图 14-8　拆下的前减振器总成
1～3—螺母

（2）分离前减振器支柱与螺旋弹簧

如图 14-9 所示，在台虎钳上固定前减振器总成，使用专用工具套组配合作业，紧压螺旋弹簧，直至上盖轴承上部露出，拆下前减振器支柱。

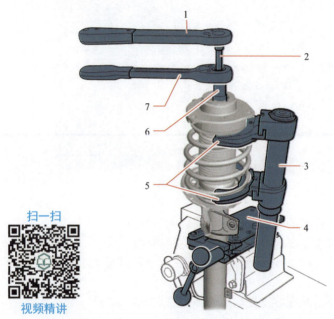

图 14-9　用专用工具拆卸前减振器

1—力矩扳手；2,6—套筒扳手接头；3—弹簧张紧装置；4—减振器张紧台；5—弹簧座圈；7—棘轮扳手

小提示

注意螺旋弹簧应位于弹簧支架的正确位置上（图 14-10）。

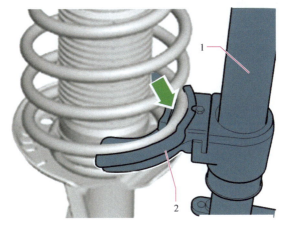

图 14-10　工具与弹簧位置
1—弹簧张紧装置；2—弹簧座圈

14.2.2　拆卸后减振器

后减振器在悬架上安装得没有前减振器复杂，通常拆装比较简单。

❶ 将车辆顶高至适当位置。

❷ 使用工具压缩后悬架横梁上方的螺旋弹簧，以消除螺旋弹簧张力。

❸ 使立式千斤顶支撑后悬架。

❹ 拆下减振器下端固定螺栓与固定螺母或螺栓，取下减振器。

14.3　检查和故障判断

❶ 检查减振器压缩、拉伸至全行程时，动作是否平顺。

❷ 检查减振器柱密封部位有无漏油[图 14-11（a）]，检查减振器是否变形或损坏[图 14-11（b）]，酌情予以更换。

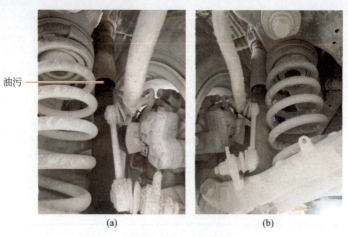

油污

图 14-11　后减振器

第15章 转向系统拆装与检修

15.1 必备常识

15.1.1 电子助力转向系统类型

电子助力转向系统（EPS）根据电机布置位置不同，可分为转向柱助力式、齿轮助力式、齿条助力式三种（表15-1）。

表15-1 电子助力转向系统

类型	说明	图示
转向柱助力式（C-EPS）	转向柱助力式EPS的电机固定在转向柱一侧，通过减速机构与转向轴相连，直接驱动转向轴助力转向	

续表

类型	说明	图示
齿轮助力式（P-EPS）	齿轮助力式EPS的电机和减速机构与小齿轮相连，直接驱动齿轮助力转向	
齿条助力式（R-EPS）	齿条助力式EPS，也称齿条平行式电动助力转向系统，其电机和减速机构直接驱动齿条提供助力	

15.1.2 电子助力转向系统组成

电子助力转向系统是直接依靠电机提供辅助转矩的动力转向系统，由转矩传感器、电子控制单元、ECU和助力电机共同组成。电子控制单元根据各传感器输出的信号计算所需的转向助力，并通过功率放大模块控制助力电机的转动，电机的输出经过减速机构减速增矩后驱动齿轮齿条机构产生相应的转向助力。

15.1.3 电子助力转向控制

电子助力转向控制框图如图15-1所示。

❶ 当整车处于停车下电状态，EPS不工作。此时，EPS不进行自检，不与VCU通信，EPS驱动电机不工作。

❷ EPS正常工作时，EPS根据接收来自VCU的车速信号、唤醒信号及来自转矩传感器的转矩信号和EPS助力电机的电机位置、电机转速、电机转子位置、电流、电压等信号进行综合判断，以控

制 EPS 助力电机的转矩、转速和方向。

❸ EPS 控制器在上电很短时间内完成自检,上电后可与 CAN 总线交互信息。

❹ 当 EPS 控制器检测到故障时,通过 CAN 总线向 VCU 发送故障信息,并采取相应的处理措施。

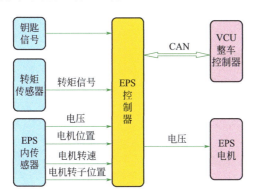

图 15-1　电子助力转向控制框图

15.2　操作程序及手法

15.2.1　拆装转向机

小提示

在电动助力转向部件的拆卸与安装期间,必须小心不要碰撞或损坏电动助力转向系统的电机控制器模块或模块线束连接器。

拆卸转向机需要脱离副车架，所以一定要使用立式千斤顶或发动机支撑来支撑发动机，然后拆下副车架，拆卸转向机的隔热板，拆下稳定杆（图15-2），将转向机从副车架上拆下（图15-3）。安装以相反顺序进行，装完转向机后，需要进行前束的调整（四轮定位前束调整）。

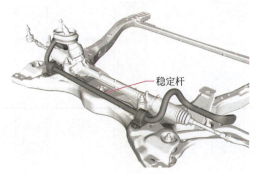

图15-2　拆下稳定杆

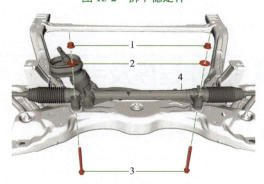

图15-3　拆下转向机

1—转向机螺母；2—转向机垫圈；3—转向机螺栓；4—转向机

15.2.2　更换转向机拉杆

如图15-4所示，认真观察护套，如果护套破损，必须更换。同时注意以下事项。

❶ 将一个新的卡箍松松地安装在转向机护套的内侧。
❷ 转向机护套必须就位于转向机相应的凹槽内。
❸ 将转向机护套经转向传动机构内转向横拉杆安装在转向机上。
❹ 使用专用钳子压接卡箍。

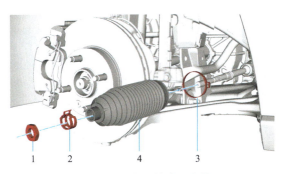

图 15-4　转向机护套和卡箍

1—锁紧螺母；2,3—卡箍；4—转向机护套

 小提示

安装期间不要紧固转向传动机构内转向横拉杆螺母（图 15-5）。调整前轮前束后，紧固螺母。

扫一扫

视频精讲

图 15-5　转向机横拉杆

1—转向传动机构内转向横拉杆锁母；2—转向传动机构外转向横拉杆螺母；
3—转向传动机构外转向横拉杆

15.3 检查和故障判断

转向故障诊断与排除见表15-2。

表15-2 转向故障诊断与排除

故障表现	故障可能的部位	故障可能的原因	故障排除措施
转向困难	轮胎	充气不足或胎面损坏	充气或更换轮胎
	动力转向液液位	动力转向液液位低	添加转向液
	传动带	传动带松动	预紧或更换传动带
	前轮定位	前轮定位不正确	调整前轮定位
	动力转向器横拉杆球头	动力转向器横拉杆球头磨损	更换横拉杆球头
	下摆臂球头	下摆臂球头磨损	更换下摆臂球头
	前减振器上支座总成	前减振器上支座总成磨损	更换前减振器上支座总成
	转向管柱内轴	转向管柱内轴卡滞	维修或更换转向管柱
	动力转向泵总成	动力转向泵总成内部泄压或堵塞、泵叶片损坏	更换动力转向泵总成
	动力转向器	动力转向器内部泄压、控制阀或齿条卡滞或损坏	更换动力转向器
转向盘复位不良	轮胎	充气不足	充气或更换轮胎
	前轮定位	前车轮定不正确	调整前轮定位
	下摆臂球头	下摆臂球头卡滞	修理或更换下摆臂球头
	万向节	万向节锈蚀或卡滞	润滑或更换上、下中间轴总成

续表

故障表现	故障可能的部位	故障可能的原因	故障排除措施
转向盘复位不良	转向管柱内轴	转向管柱内轴卡滞	润滑或更换转向管柱
	动力转向器	动力转向器控制阀卡滞或齿条轴承预紧力过高而卡滞	清洗转向液压系统或修理、更换动力转向器
	前减振器上支座总成	前减振器上支座总成磨损	更换前减振器上支座总成
转向系统行程过大	转向器横拉杆	转向器横拉杆松动	紧固或更换转向器横拉杆
	下摆臂球头	下摆臂球头磨损或松动	更换下摆臂球头
	前轮轴承	前轮轴承磨损或松动	更换前轮轴承
	动力转向器转向横拉杆总成	动力转向器转向横拉杆总成固定螺栓松动	紧固固定螺栓
	前减振器上支座总成	前减振器上支座总成磨损	更换前减振器上支座总成
噪声	动力转向液液位	动力转向液液位低	添加转向液
	转向管柱	转向管柱内轴、轴承松动	修理或更换转向管柱
	万向节	万向节松旷	紧固或更换上、下中间轴总成
	动力转向器转向横拉杆总成	动力转向器转向横拉杆总成固定螺栓松动	紧固固定螺栓
	转向器横拉杆	转向器横拉杆松动	紧固固定螺母或更换横拉杆球头
	动力转向器	动力转向器齿条轴承预紧力过松	更换动力转向器

续表

故障表现	故障可能的部位	故障可能的原因	故障排除措施
噪声	动力转向泵总成	动力转向泵总成流量控制阀或泵叶片损坏	更换动力转向泵总成
转向盘反弹过大或转向器过松	动力转向系统	动力转向系统有空气	对转向系统进行排空气
	动力转向器转向横拉杆总成的连接	动力转向器转向横拉杆总成的连接松旷	紧固连接螺母
	转向横拉杆球头	转向横拉杆球头松动	紧固或更换转向横拉杆球头
	前轮轴承	前轮轴承磨损	更换前轮轴承
	动力转向器	动力转向器内部松动	修理或更换动力转向器转向横拉杆总成

第16章 轴承拆装与检修

16.1 操作程序及手法

以下是更换带轴承的前轮轮毂重要事项。

① 如图 16-1 所示,拆下带有前轮毂轴承的转向节。
② 如图 16-2 所示,拆下前轮毂轴承固定卡簧。

图 16-1 拆下转向节

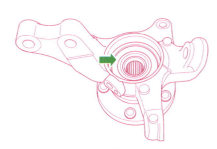

图 16-2 拆下卡簧

❸ 如图 16-3 所示，用专用工具从转向节上拆下前轮毂轴承。

❹ 如图 16-4 所示，安装时，在轮毂下垫木块，将前轮毂轴承装入转向节内。

图 16-3　拆下前轮毂轴承

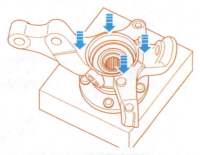

图 16-4　安装前轮毂轴承

❺ 如图 16-5 所示，用卡簧钳安装卡簧到卡簧槽。

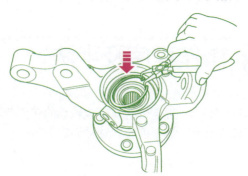

图 16-5　安装卡簧

16.2　检查和故障判断

16.2.1　车轮轴承异响判断

（1）**车轮轴承检查**　检查轴承异响首先要举升车辆检查悬架

系统的部件和轮胎磨损情况。这些都影响对轴承异响的准确判断。

❶ 旋转轮胎和车轮总成，倾听车轮轴承是否发出噪声。

❷ 用手晃动车轮，检查车轮轴承是否松动。

（2）车轮轴承异响特征　外界的杂质进入轴承内部会损坏轴承，在轴承受外力转动时，会发出类似于飞机起飞的"嗡嗡"声，噪声只在车辆行驶时出现，噪声稳定无波动，随着车速的增加而增大。

小提示

前车轮轴承是被压入转向节的，后车轮轴承在制动鼓和车轮轴承总成内。如果内座圈与后车轮轴承分离，也将导致出现异响。

16.2.2　车轮轮胎噪声判断

如果车辆在高速情况下且某一车速时转向盘抖动严重，首先应进行轮胎动平衡。

轮胎严重磨损会导致行车异响，声音与轴承异响类似。举升车辆检查与检查轴承方法相同，如果在举升车辆时"嗡嗡"声消失了，可以判断是轮胎异响。

第17章 机械分解与检修

17.1 发动机分解与检修

17.1.1 需要分解发动机的情况

这里讲的发动机分解主要是指分离气缸盖和气缸体,且分解内部可拆卸的零部件。发动机烧机油、发动机涉水气缸吸入水、正时皮带或正时链条断裂,这些严重的发动机故障都需要分解发动机,甚至需要大修。

汽车大修中更换的发动机"四配套"即气缸下套(更换缸套或镗缸)、活塞、活塞环、活塞销(图17-1、图17-2)。

17.1.2 发动机内液体的循环

冷却系统路径如图17-3所示,当发动机在冷机时,冷却系统通过节温器控制发动机冷却液的循环量,这样可以使发动机迅速预

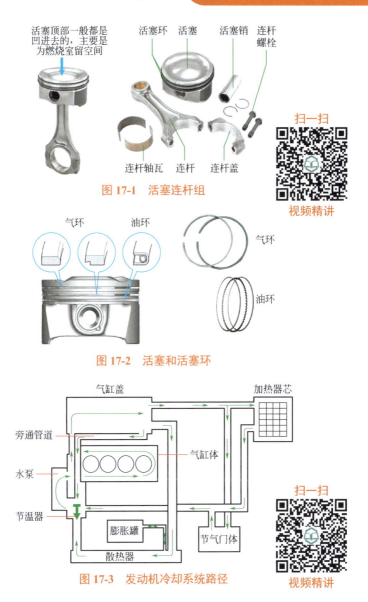

图 17-1 活塞连杆组

图 17-2 活塞和活塞环

图 17-3 发动机冷却系统路径

热。冷却系统包括散热器、膨胀罐总成、冷却风扇总成、节温器及其壳体、水泵和水泵传动带,只有以上各部件正常发挥各自的功能,冷却系统才能正常工作。当发动机冷却液达到节温器的工作温度时，节温器打开。此时，发动机冷却液返回散热器并得到冷却。冷却系统通过管路，将部分发动机冷却液导入暖风系统加热器，用于加热和除霜。膨胀罐总成与散热器连接，回收因升温膨胀而排出的发动机冷却液。膨胀罐总成的作用是保持正确的发动机冷却液液面。

如图17-4所示，气缸孔间有水道。通过水在气缸孔间的流动，可使气缸壁的温度保持均匀。刺型衬里具有大面积的不规则铸件外表面，可提高衬里与铝制气缸体之间的附着力，有利于散热、降低整体温度及减小气缸孔的热变形。曲轴箱内有机油排放通道，这样可防止曲轴沾上发动机机油，减小旋转阻力。

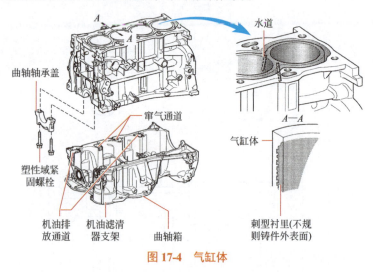

图17-4　气缸体

图17-5所示为发动机机油润滑路径。发动机机油通过机油滤清器座的下油道向上流过机油滤清器，滤清后的发动机机油通过机油滤清器座的上油道返回到气缸体。发动机机油通过油道向上流动并通过气缸体前部，这些前油道将发动机机油供给各气缸盖、主轴承、凸轮轴调节器电磁阀、凸轮轴位置执行器等。各气缸盖油道将发动机机油引入气缸盖及凸轮轴轴承轴颈。发动机机油通过进气凸轮轴轴承盖油道进入凸轮轴轴颈上钻出的油孔，并流至进气凸轮轴安装面的前部。然后，发动机机油再流至凸轮轴位置执行器中的相

应油道。机油泵上包含一个小发动机机油喷嘴,将发动机机油喷雾至正时传动链条部件上。发动机机油通过凸轮轴正时传动链条区域或气缸盖和气缸体外壁上铸造的回油道流回油底壳。

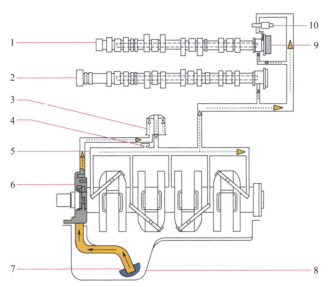

图 17-5　发动机机油润滑路径

1—进气凸轮轴;2—排气凸轮轴;3—机油滤芯;4—机油压力感应塞;5—主油道;6—机油泵;7—机油集滤器;8—油底壳;9—凸轮轴调节执行器;10—电磁阀

17.1.3　操作程序及手法

小提示

　　安装活塞环时,第一道气环与第二道气环的标记必须朝上。活塞环安装位置如图 17-6 所示,第一道环开口与活塞销轴向成约 45°;第二道环开口与第一道环成 180°;第三道环(油环)与第二道环成 90°。

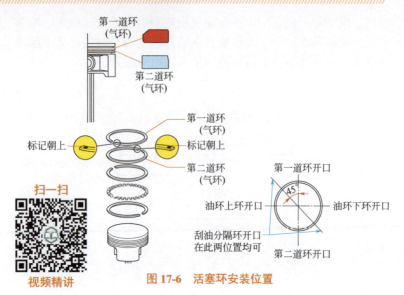

图 17-6　活塞环安装位置

传统连杆分离面是平的,带有安装朝向标记,安装时注意标记朝向,要和活塞同向(图 17-7)。

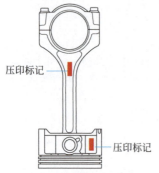

图 17-7　活塞和连杆朝向

17.1.4　检查和故障判断

定期保养并使用优质的机油、冷却液非常重要。很多发动机机械故障都与油液有关系,尤其是机油的品质。

(1)**发动机气缸压力异常**　发动机某缸不工作,某缸无压力,发动机严重抖动,也就是所谓的缺缸,缺缸会导致打不着车。就机械原因而言,常见的有气门烧蚀、严重积炭卡滞导致气门封闭不严、活塞环断裂、汽车涉水使水进入气缸内等。

(2)**发动机冒蓝烟**　排气管冒蓝烟一般是由于气缸、活塞、活塞环磨损或气门油封损伤过大造成的,需要对发动机进行大修。

(3)发动机水温过高　散热器、节温器、水泵、风扇故障都会导致发动机温度过高。就机械原因而言,如果发动机内水道堵塞,水温一定会高,甚至导致发动机烧瓦抱轴等严重事故发生,所以要定期更换保证质量的冷却液。

(4)发动机机油压力异常　发动机机油压力不足,行车无力,机油压力报警灯点亮。曲轴和连杆轴承严重磨损、机油泵故障、机油滤清器堵塞等都会导致发动机机油压力不足。

17.2　变速器分解与检修

17.2.1　操作程序及手法

(1)双离合器　拆卸或安装双离合器(图17-8)时,变速器必须在垂直位置固定在装配台上。在双离合器中必须将大摩擦片支架插入所有摩擦片中,不允许它从最低位置的摩擦片中滑出。

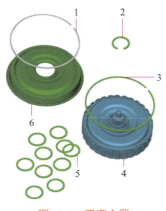

扫一扫

视频精讲

图17-8　双离合器

1,2—卡环(用于双离合器端盖,拆卸后必须更换);3—驱动盘卡环;
4—双离合器;5—垫片(厚度不同,拆卸后必须更换,厚度以
0.05mm为单位递增);6—双离合器端盖

❶ 如图 17-9 所示，用手转动新的双离合器轴上的四个卡环，它们必须能够灵活转动。

❷ 如图 17-10 所示，确保卡环 1～4 正确就位。卡环 2 和卡环 4 的对接处应当对准，并且相对卡环 1 和卡环 3 的对接处偏移 180°。

图 17-9 转动双离合器上的卡环

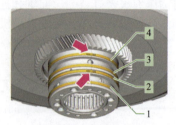

图 17-10 卡环位置

1～4—卡环

❸ 安装前检查离合器上是否有标记（图 17-11）。如果没有标记，用永久性记号笔在驱动盘和外板支架上做标记。

图 17-11 标记

❹ 确定双离合器垫片，在最终处理卡环前必须用千分表进行三次测量。如果计算结果不在其范围，则需安装一个更厚或更薄的垫片，并再次进行测量和检查。

（2）手动变速器 其常见的故障有换挡困难、齿轮卡死、齿轮碰撞和研磨异响等，离合器、驱动系统故障也可能出现以上现象，所以在维修的过程中要仔细分析和区分。在维修前，要对变速器及离合器进行必要的检查。

❶ 检查变速器、离合器管路是否有渗油。

❷ 检查变速器油位、变速器油的黏度及颜色，看是否很脏、是否有金属碎屑，从而初步判断变速器内部组件是否有卡死烧蚀或部件碎裂的情况。

❸ 进行路试检查，通过换挡行驶确认故障出现时车辆所处的状态，以便进一步诊断。

17.2.2 检查和故障判断

表17-1～表17-6列出了离合器、变速器的故障诊断与排除方法。

表17-1 离合器打滑故障诊断与排除

序号	检查步骤	检查结果/可能原因	解决措施
1	检查离合器盖总成、飞轮、离合器从动盘总成表面是否有油污，检查离合器从动盘总成是否摩擦过大	有油污，离合器从动盘总成磨损过大	清理油污，更换离合器从动盘总成
2	检查离合器盖总成膜片弹簧是否损坏	离合器盖总成膜片弹簧损坏	更换离合器盖总成

表17-2 离合器异响故障诊断与排除

序号	检查步骤	检查结果/可能原因	解决措施
1	检查在不踩下离合器踏板时是否有异响	踏板自由行程不够，摩擦片过度磨损	调整自由行程，更换摩擦片
2	检查踩下离合器踏板时是否有异响	分离轴承磨损或损坏	更换分离轴承
3	检查在起步离合器半离合时是否有异响	分离轴承拨叉衬套损坏	更换分离轴承拨叉衬套（分离轴承总成）

表 17-3 换挡困难、换挡过程中齿轮有噪声故障诊断与排除

序号	检查步骤	检查结果/可能原因	解决措施
1	检查换挡杆拉索是否正常	选挡杆拉索阻力过大	更换选挡杆拉索
2	检查选挡杆机构是否磨损	选挡杆机构内部球头间隙过大	更换选挡杆机构
3	检查离合器踏板自由行程	离合器踏板自由行程过大	调整离合器踏板自由行程（不可调整，应检查离合器及摩擦片，更换摩擦片解决）
4	检查离合器液压系统是否漏油或产生气阻	离合器液压系统漏油或产生气堵	更换漏油零件，对液压系统排气
5	检查离合器从动盘总成是否正常	离合器从动盘总成花键不正常磨损，摩擦片接触面严重不平整	更换离合器从动盘总成，严重不平整的进行更换
6	检查同步器、同步环是否损坏	同步器、同步环损坏	更换同步器、同步环
7	检查换挡拨叉轴互锁销表面是否不平或有毛刺	换挡拨叉轴互锁销表面不平、有毛刺	更换互锁销

表 17-4 变速器噪声过大或动作异常故障诊断与排除

序号	检查步骤	检查结果/可能原因	解决措施
1	检查变速器油的油位是否正常	变速器油液面过低，润滑不够	加注变速器油至规定位置
2	检查变速器内部是否有异物	变速器内部有铁屑变速器壳体内部以及齿轮、轴承损坏	更换损坏件
3	检查输入、输出轴轴向位置和间隙是否正常	输入、输出轴轴向间隙过大	重新安装输入、输出轴上的齿轮，调整输入、输出轴上调整垫片

续表

序号	检查步骤	检查结果/可能原因	解决措施
4	检查输入、输出轴前后轴承是否正常	输入、输出轴轴承严重磨损	更换输入、输出轴轴承
5	检查输入、输出轴齿轮是否磨损过大	输入、输出轴齿轮磨损过大	更换输入、输出轴齿轮

表17-5 变速器内部轴承非正常磨损故障诊断与排除

序号	检查步骤	检查结果/可能原因	解决措施
1	检查润滑油中是否有金属杂质	润滑油中有大量金属杂质	更换优质变速器油
2	检查润滑油是否符合要求	润滑油黏度过低,润滑油型号不符	更换优质变速器油
3	检查输入、输出轴轴承是否压装到位	输入、输出轴轴承未压装到位	更换轴承,重新压装

表17-6 行驶中脱挡故障诊断与排除

序号	检查步骤	检查结果/可能原因	解决措施
1	检查换挡杆操纵机构是否正常	换挡杆操纵机构球头间隙过大	更换换挡杆操纵机构球头
2	检查自锁销内钢球弹力是否正常	自锁销内钢球弹力过小	更换自锁销
3	检查同步器滑块内弹簧压力是否正常	同步器滑块内弹簧压力过小	更换同步器滑块
4	检查同步器齿套磨损是否正常	同步器齿套磨损过大	更换同步器齿套

第18章 电路与电路图

18.1 电路常识与符号

18.1.1 电路常识

（1）**直流电** 汽车上使用的是直流电，轿车普遍为 12V。一般将可提供直流电的装置称为直流电源，汽车上的蓄电池和发电机为汽车的直流电源。

> **画重点**
>
> 汽车上的发电机多数是交流发电机，发电机内三相绕组产生的交流电，经整流器整流而输出直流电。

（2）**电压** 如图 18-1 所示，直流电源有正、负两极，当直流电源为电路供电时，直流电源能够使电路两端保持恒定的电位差

(即高电位与低电位之间的差值),从而在外电路中形成由电源正极到负极的电流,而电流之所以能够在电路中流动,是因为电路中存在电压。

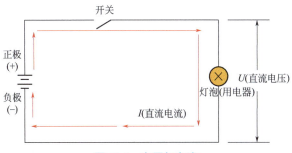

图 18-1　电压与电流

画重点

电压就是电位差或电势差,用 U 表示,单位为 V(伏特,简称伏)。

(3) **电流**　如图 18-1 所示,当开关闭合时,电路形成通路,电源的电动势(电动势是维持电流流动的物理量)形成了电压,继而产生了电场力,在电场力的作用下,处于电场内的电子便会定向移动,这就形成了电流。电流强度用 I 表示,单位为 A(安培,简称安)。

(4) **电阻**　它阻碍或限制电流在电路中的流动,用 R 表示,单位为 Ω(欧姆,简称欧)。所有的电路都有电阻。

画重点

电路中如有不需要的电阻会消耗电流,造成用电设备工作不正常或根本不能工作。电路的电阻越大,电流越小,即 $R=U/I$。

❶ PTC 热敏电阻器：PTC 是正温度系数电阻，阻值随温度升高而增大，常用于氧传感器。

❷ NTC 热敏电阻器：NTC 是负温度系数电阻，阻值随温度升高而减小，常用于发动机进气温度传感器。

18.1.2　常用符号

汽车电路中的常用符号见表 18-1。

表 18-1　汽车电路中的常用符号

名称	符号	名称	符号
直流	——	磁场	F
交流	∼	交流发电机输出接线柱	B
正极	+	磁场二极管输出端	D_+
负极	−	交流	AC
搭铁	⊥	直流	DC
蓄电池	⊣⊢	闭合	ON
蓄电池组	⊣⊢⊣⊢	断开	OFF
接点	●	输出	OUT
端子	○	输入	IN
导线的连接	○—○	启动	ST
导线的分支连接	┬	插头和插座	⊂—
导线的交叉连接	┼	触点常开的继电器	
插座的一个极	⊂		
插头的一个极	—		

续表

名称	符号	名称	符号
动合（常开）触点		触点常闭的继电器	
动断（常闭）触点		屏蔽导线	
电阻器		先断后合的触点	
可变电阻器		按钮开关	
半导体二极管一般符号		PNP 型三极管	
稳压二极管		集电极接管壳三极管（NPN 型）	
发光二极管		电感器、线圈、绕组	
双向二极管（变阻二极管）		熔断器	
三极晶体闸流管		易熔线	
可变电容器		电路断电器	
照明灯、信号灯、仪表灯、指示灯		点火线圈	
星形连接的三相绕组		直流电动机	
定子绕组为星形连接的交流发电机		整体式交流发电机	

18.2 电路图识读

18.2.1 汽车电路图识读方法

(1) 要点

❶ 掌握各种车型的电路图中图形意义、标注规则、符号含义和使用方法等，根据电路图能找到对应元件。

❷ 掌握一定的电气系统的工作原理，尤其是电器电路的输出和输入。

❸ 掌握承修车辆的电器布置情况。

(2) 技巧

❶ 一种车型。精心分析一种车型的典型电路，掌握各个系统之间的接线特点和规则，进而了解一个车系的电路特点。

❷ 两路理顺。顺向：从用电设备找到蓄电池正极和搭铁，顺着电流流向从蓄电池正极出发到用电设备再到搭铁。

逆向：逆着电流方向从负极搭铁到用电器再到蓄电池正极。选择一种路径或者两种路径结合的方法去理顺，善于将一个复杂的系统回路简化，这样有利于快速理清电路结构。

18.2.2 汽车电路图识读步骤

(1) 分析电路图的布局

❶ 电路图最上部：如图18-2所示，一般为控制单元和配电盒。

❷ 电路图中部：如图18-3所示，一般为备用电器。

❸ 电路图最下部：如图18-4所示，横线是搭铁线，标有线路编号和搭铁点位置，方便查找。

(2) 确定电路图的阅读原则

❶ 简单的电路图：找电源，"从上到下"阅读，即电源→用电器→接地。

❷ 复杂的电路图：找用电器，"从中间向两边"

扫一扫

视频精讲

阅读，即电源←用电器→接地。

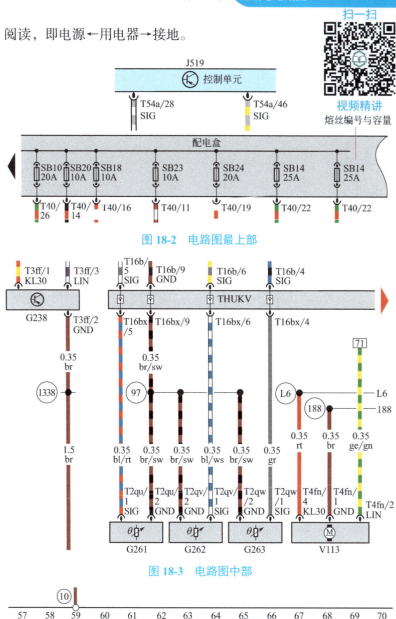

图 18-2　电路图最上部

图 18-3　电路图中部

图 18-4　电路图最下部

(3) 理顺线路路径

❶ 如图18-5所示。电流流向：电源正极→保护装置→开关→用电器→电源负极。

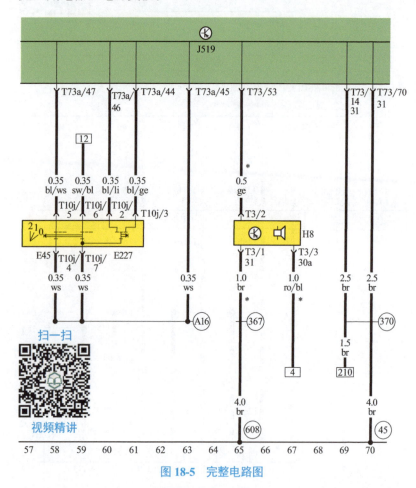

图18-5 完整电路图

❷ 断路代号（线路中断代码）：用小方块里的数字代号解决电路交叉问题。如图18-6中箭头所指的数字4和67，即采用断路代号使线路清晰简洁。

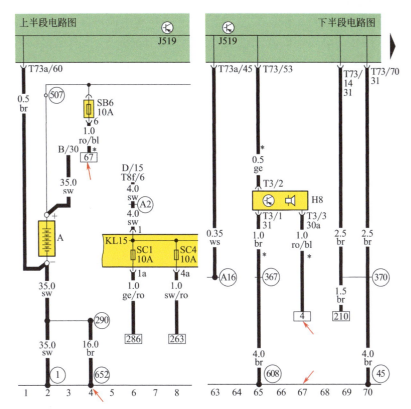

图 18-6　图中小方块为电路交叉

18.2.3　汽车电路图识读实例

图 18-7 所示为大众某车型启动系统电路图。

（1）启动系统电路组成　启动电路包括蓄电池、点火开关、J519（车载电网控制单元）、熔丝、接线端 50 供电器 J682、总线端 15 供电器 J329、起动机、发电机等。起动机是用来起动发动机的，当点火开关处于启动位置时，继电器接通起动机主电路，此时起动机工作。起动机由直流电动机、传动机构和控制部分组成。其控制

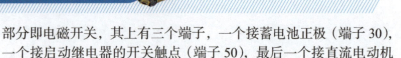

部分即电磁开关，其上有三个端子，一个接蓄电池正极（端子30），一个接启动继电器的开关触点（端子50），最后一个接直流电动机电刷（端子C），起动机壳体接地。

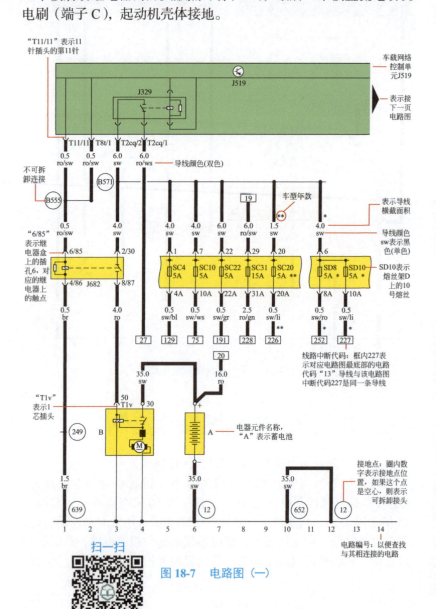

图18-7 电路图（一）

(2)启动系统工作原理 点火钥匙打到启动位置,车载电网控制单元接收到启动信号的同时确认离合器位置或变速杆位置(自动变速器)、蓄电池电压等信号,车载电网控制单元控制接线端 50 供电器 J682、总线端 15 供电器 J329 给起动机供电使起动机工作,从而启动发动机。

(3)电路走向分析 结合图 18-7 和图 18-8 可知,蓄电池→20→7→SB30→4→27→总线端 15 供电继电器 J329,在车载电网控制单元 J519 的控制下,使连接器 T2cq/2 和 T2cq/1 接通→接线端 50 供电继电器 J682,车载电网控制单元 J519 的控制下,使 2/30 和 8/87 接通→起动机 50 号线(T1v)→起动机吸合线圈→蓄电池的电压通过起动机 30 号线端子给起动机供电,起动机工作→发动机启动。电路图标注说明见表 18-2。

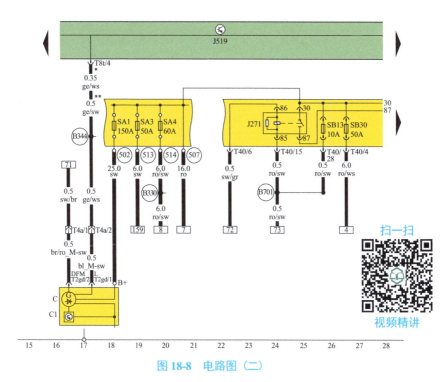

图 18-8 电路图(二)

表 18-2　图 18-8 标注说明

标注	说明	标注	说明
C	三相交流发电机	507	螺栓连接（30），在蓄电池熔丝架上
C1	电压调节器	513	继电器板上的螺栓连接 3（30a），在蓄电池熔丝架上
J271	Motronic 供电继电器，在 E-Box 电控箱上 R2 号位	514	继电器板上的螺栓连接 4（30a），在蓄电池熔丝架上
J519	车载电网控制单元	B330	正极连接线 16（30a），在主线束中
SA1	熔丝架 A 上的熔丝 1	B344	连接 1（61），在主线束中
SA3	熔丝架 A 上的熔丝 3	B701	正极连接（30a），在主线束中
SA4	熔丝架 A 上的熔丝 4	ws	白色
SB13	熔丝架 B 上的熔丝 13	sw	黑色
SB30	熔丝架 B 上的熔丝 30	ro	红色
T2gd	2 针黑色插头连接	br	褐色
T4a	4 针黑色插头连接，在左纵梁前部	bl	蓝色
T8t	8 针黑色插头连接	gr	灰色
T40	40 针黑色插头连接，在 E-Box 电控箱上	ge	黄色
502	继电器板上的螺栓连接 1（30a），在蓄电池熔丝架上		

18.3　整车电路布局

18.3.1　线路布局和通信方式

汽车上主要是使用一个多路通信线路的 CAN 系统通信，CAN 具有高速的数据传输速度与极佳的错误检测能力。汽车上配备许多电子控制单元，在操作期间每个控制单元共享数据并与其他控制单元相连。如图 18-9 所示，在 CAN 通信系统上，控制单元通过两条通信线相互连接，以少量线路使数据高速传送。每个控制单元都会传送/接收数据，但只会选择性地读取所需的数据。通信系统框图中的颜色注释见表 18-3。

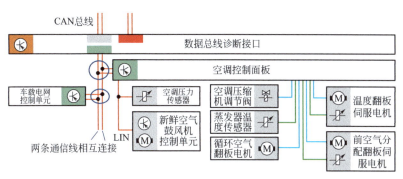

图 18-9 通信系统框图（空调通信联网）

表 18-3 图 18-9 的颜色注释

导线/颜色	导线类别	导线/颜色	导线类别
	驱动 CAN 数据总线（该 CAN 主要连接发动机控制单元、ABS 控制单元、安全气囊控制单元、组合仪表等，它们的基本特征相同，都是控制与汽车行驶直接相关的系统）		CAN 数据总线导线
	底盘 CAN 数据总线		LIN 数据总线导线
	舒适 CAN 数据总线		传感器导线
			执行器导线

18.3.2 线路组成

汽车为单线制，车身搭铁形成回路。如图 18-10 所示，汽车线路包括线束（图 18-11）、控制单元（图 18-12）、保险盒（图 18-13）、配电盒（图 18-14）以及电源（图 18-15）和接地点（图 18-16）。根据车型的配置不同，各分支线束、控制单元、配电盒的设置和数量都不一样。

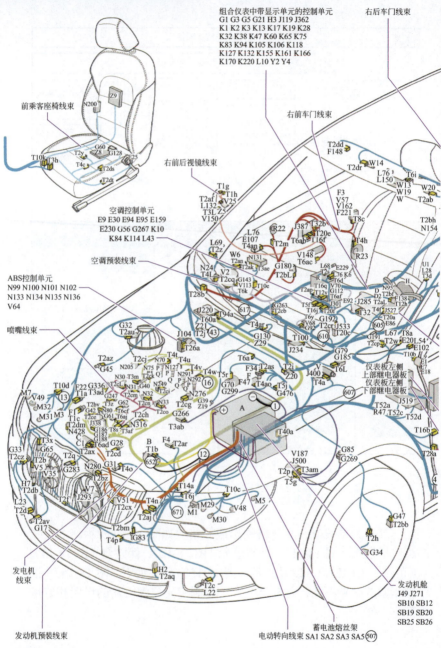

图 18-10 汽车

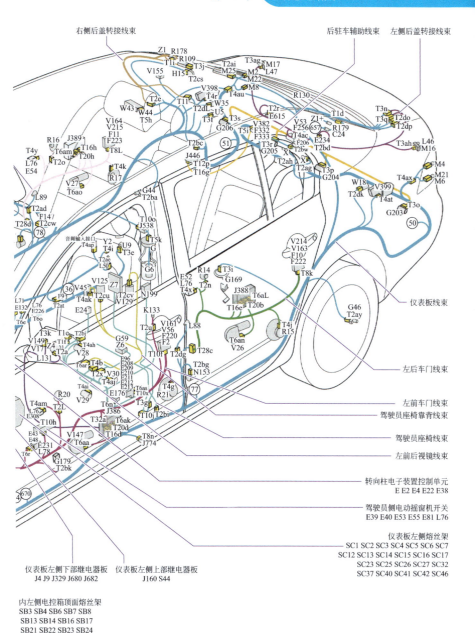

图 18-11　线束

图 18-12　控制单元

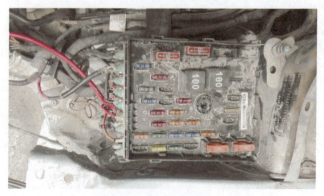

图 18-13　保险盒

图 18-14　配电盒

图 18-15　电源

图 18-16　接地点

18.4 电路检查

18.4.1 认识网络总线

（1）控制器局域网络总线（CAN 总线） 大量的电子装置被应用到车辆上。如果仍然采用与过去每一个电子控制信号都由各自专属的电路来传输的方式，将会使车辆上的电路随着电子装置的使用而大量增加。车辆的电子控制系统大多会根据其功能性，使用不同的控制模块来执行控制，参考传感器的信号来决定系统中执行器的作动时机，有时一个传感器的信号可以提供给车辆上不同电子系统的控制模块来使用，如果使用过去的信号传输方式，随着信号数量的增加，电路的数量也会跟着增加，控制器局域网络总线就解决了这个问题。

控制器局域网络总线采用多路的观念，例如如果传感器的信号能够先传输到一个控制模块，接着通过车辆上各个控制模块之间所连接的数据传输电路，而将此传感器的信号与其他有需要的控制模块共享，如此便可节省传感器与电路的使用，而达到降低车重与成本等效果。另外，除了传感器的信号可共享外，执行器的工作要求信号也能够通过数据传输电路来传递。

控制器局域网络总线就是经常说的 CAN 总线（或 CAN BUS），它控制设备相互连接，进行数据交换（图 18-17）。

电脑之间通信所依据的规则称为通信协议。同时采用两个拥有不同数据传输速率的通信系统时，需要配备网关控制模块，以针对不同通信协议的数据进行转换，以适应不同网络协议的通信。根据车辆配置情况，同一辆车上可能会同时采用两个或两个以上的车用网络通信系统，以 CAN 总线为例，整车网络系统可能会包含 CAN B（中速 CAN）与 CAN C（高速 CAN）。其中 CAN C 常用于发动机、自动变速箱、ABS 等需要快速即时传输信号的主要控制模块之间，而 CAN B 则用于其他较为次要的控制模块。CAN C 的数据传输速率约为 500kbps，而 CAN B 的传输速率在 100kbps 左右。在拥有不同数据传输速率的通信系统间互相传递信号时，必须通过网关控制模块连接不同数据传输系统。

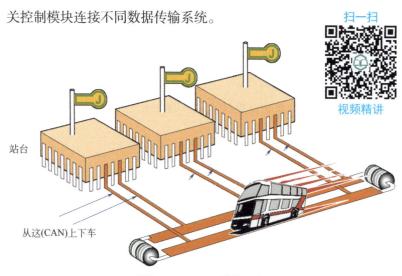

图 18-17　CAN 通信示意

CAN 总线的通信介质是双绞线（图 18-18），高速 CAN 总线的双绞线终端为 2 个 120Ω 的电阻，一端在发动机控制模块（ECM）内，另一端在车身控制模块（BCM）内。

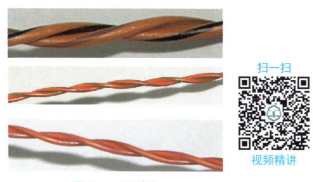

图 18-18　双绞线

CAN 通信系统的两条通信线路中，一条为 CAN-H，另一条则为 CAN-L。例如某车型的 CAN 总线中，CAN-H 的信号电压转换范围在 2.5～3.6 V 之间，而 CAN-L 的信号电压转换范围则在 1.4～2.5 V 之间。

画重点

两条数据线同时传递相同信号，但数值相反（图 18-19）。

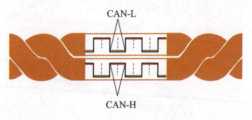

图 18-19　CAN 总线

画重点

◆ 检查 CAN 通信系统电路内部的终端电阻数值或电路导通性前，先将点火开关置于 OFF 位置，并拆开蓄电池负极接线柱导线。

◆ 图 18.4-4 双绞线具有防止对外干扰的特性，勿对故障电路进行旁通跨接（图 18-20），否则 CAN 通信系统电路将会失去双绞线的特性。

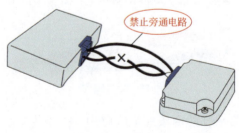

图 18-20　错误跨接

(2) LIN 总线　这是一种低成本串行通信系统,是一条传输速率较低的单线,用于在主控制模块和提供支持功能的其他智能设备之间交换信息(例如车窗控制、后视镜控制等舒适系统)。对 CAN 总线容量或传输速率没有要求,因此相对比较简单。

画重点

车门控制单元和 BCM 中央控制单元是通过舒适 CAN 总线和 LIN 总线进行通信的(图 18-21)。

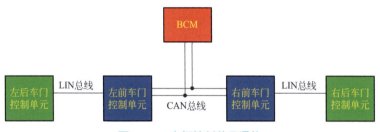

图 18-21　车门控制单元通信

要传输的信号在通信总线上由不同的电压表示。当 LIN 总线静止且未被驱动时,该信号电压处于接近蓄电池电压的高压状态,这表示逻辑"1"。要传输逻辑"0"时,信号电压被拉低至搭铁(0.0 V)(图 18-22)。

(3) 媒体导向系统传输总线(MOST 总线)　媒体导向系统传输总线是独立于 CAN 总线的专用高速多媒体流数据总线。媒体导向系统传输总线被配置成物理硬线回路,总线内的每个设备都按设定的顺序在指定的媒体导向系统传输总线地址上发送和接收数据。媒体导向系统传输总线上的每个设备都需要有双绞铜线(两条 TX 发送线路,两条 RX 接收线路和 1 条电子控制线路,即 12V 唤醒信号线路)。

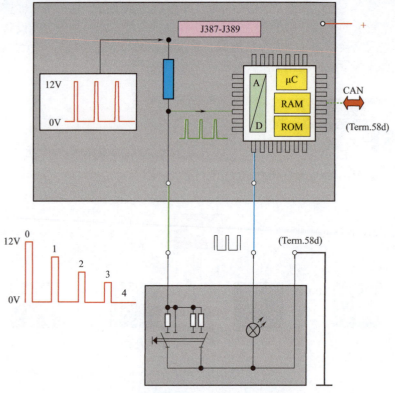

图 18-22　传输逻辑（电动车窗控制开关）

18.4.2　电气连接检查

（1）线束插接器密封圈检查　插接器在公接头和母接头之间有橡胶密封圈，如果密封圈遗失，会失去防水性。密封圈在拆开接头时可能会脱落，所以每次重新连接接头时，需确定密封圈是否正确装在公接头或母接头上。线束密封圈必须装在防水接头的电线插接部位。需确定线束密封圈已正确安装（图 18-23）。

（2）端子固定检查　拉扯接线端的导线以检查端子是否可被拉开，可被拉开的端子可能会在电路中产生断断续续的信号

（图 18-24）。

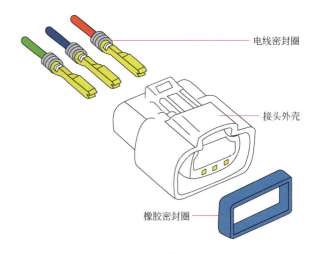

图 18-23　线束插接器密封圈检查

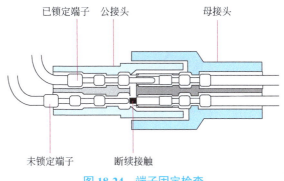

图 18-24　端子固定检查

18.4.3　电路检查项目与方法

在开始电路检查之前，需要取得所有关于要测试系统的相关信息，同时应对系统的操作有彻底的了解，然后才可以采用适当的设备，并依照正确的测试程序来进行电路检查，必要时可能要模拟车辆的振动。可以轻轻摇晃线束或电气元件，来达到振动仿真的效果。

(1) 断路检查

❶ 电阻检查法（图 18-25）：使用万用表欧姆挡测量电路导线的电阻，测量前需先将万用表设定在最高阻值范围，如测量出的电阻值为无穷大，即代表电路导线内部发生断路。

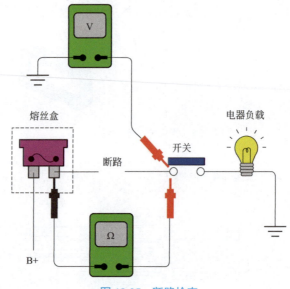

图 18-25　断路检查

a. 拆开蓄电池负极接线柱导线。
b. 断开被检查电路导线两端的接头。
c. 将万用表的两表笔分别连接同一条电路导线的两端。
d. 如测出的电阻值为无穷大，即表示电路导线内部发生断路。

❷ 电压检查法（图 18-25）：使用电压表测量电路导线的电压，测量前需先找到一个已知且接地良好的接地点，电压检查法可在任何通电的电路中，确认电路中有无断路。

a. 将电压表负极表笔连接在一个已知且接地良好的接地点。

b. 用电压表正极表笔分别测量同一条电路导线两端的电压。

c. 在未打开电器负载时，查看同一条电路导线两端是否都测量到电压。

d. 如测量出同一条电路导线一端有电压而另一端则无电压，即表示电路导线内部发生断路。

（2）短路检查

❶ 电阻检查法（图 18-26）：使用万用表欧姆挡测量电路导线与地之间的导通性，如测量出的阻值不是无穷大，即代表电路导线存在接地短路，测量前需先找到一个已知且接地良好的接地点。

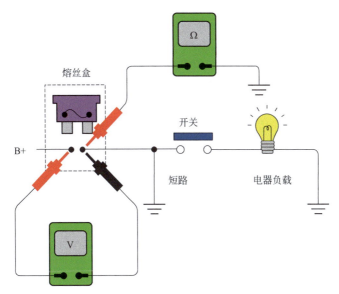

图 18-26　短路检查

a. 拆开蓄电池负极接线柱导线。
b. 断开被检查电路导线两端的接头。
c. 将万用表的一表笔连接在一个已知且接地良好的接地点。
d. 将万用表的另一表笔连接在电路导线的一端。
e. 如测出的电阻值不是无穷大，即表示电路导线存在接地短路。

❷ 电压检查法（图18-26）：该法可在熔丝熔断的状况下，找出电路导线中有无接地短路，测量前需先了解此熔丝正电源的属性（点火开关OFF、ACC、ON或START）。

a. 拆下已烧断的熔丝，并关闭电器负载。
b. 将电压表正极表笔连接在熔丝的正电源端。
c. 用电压表负极表笔测量熔丝的另一端。
d. 如测量出电压值，即表示电路导线存在接地短路。

（3）接地检查　接地连接经常会暴露在湿气、灰尘与其他腐蚀性成分中。腐蚀（锈蚀）可能会变成不必要的电阻，这个不必要的电阻可能会改变电路元件的作用。电子控制电路对于接地的正确性非常敏感，松动或锈蚀的接地连接会对电子控制电路造成极大的影响。即使接地连接部位看起来很干净，表面也可能有一薄层腐蚀产物。

❶ 拆下接地螺栓或螺钉。
❷ 检查配合面是否有脏污、灰尘或锈蚀等。
❸ 进行必要的清理以确保接触良好。
❹ 重新仔细安装螺栓或螺钉。
❺ 检查可能干扰接地电路的加装配件。
❻ 如果几条导线同时接在同一个环形接地端子上，则检查是否连接正确。确定所有的配合面都清洁且紧密连接，并形成良好的接地路径。如果多条导线连接在同一个杯形接地端子中，需确定没有绝缘线过长的接地线。

（4）电压检查（图18-27）　测量前需先关闭点火开关，必要时需改变点火开关的状态。

❶ 将电压表负极表笔连接在一个已知且接地良好的接地点。
❷ 将电压表的正极表笔连接到选定的测试点上。

（5）电流检查　测量前需先关闭点火开关，必要时需改变点火开关的状态。

❶ 拆开同一电路导线上的元件或接头。
❷ 将电流表的两表笔分别连接到同一电路导线上拆开的元件或接头的两端。

参考文献

[1] 周晓飞. 汽车维修从入门到精通 [M]. 北京：化学工业出版社，2018.
[2] 吕玫. 汽车电工电子 [M]. 北京：人民邮电出版社，2017.
[3] 吕爱华，程传红. 汽车电工电子技术 [M]. 北京：电子工业出版社，2020.

本书配套视频清单

序号	视频内容	页码	序号	视频内容	页码
1	机舱内发动机	005	21	正时链条	179
2	行李厢内蓄电池	007-1	22	正时皮带损坏导致的"顶气门"	182
3	举升机下看汽车	007-2	23	更换压缩机	192
4	发动机总成	009	24	空调膨胀阀	193
5	电动座椅	039	25	空调系统异常压力诊断	198
6	使用专用工具拆装减振器	057/204	26	麦弗逊式独立悬架下支臂异响	199
7	使用专用工具拆卸气门油封	060	27	空气悬架	202
8	安装气门弹簧锁片	061	28	转向拉杆	211
9	发动机大修	067	29	连杆和活塞总成	219-1
10	自动量程万用表测量传感器电压	074	30	安装活塞	219-2
11	就车检查制动片	082	31	用内窥镜检查气缸内部	222
12	检测蓄电池	086	32	双离合变速器	223
13	使用抽油机	088	33	电路图组成结构和元件布局	232
14	更换机油滤清器	093	34	最基本的电路图阅读	233
15	更换空气滤清器	097-1	35	理顺线路路径	234
16	安装桶式空气滤清器	097-2	36	电源和启动电路	236
17	更换火花塞	107	37	电路走向分析	237
18	电子节气门	117	38	CAN 总线	245-1
19	ABS 泵	127	39	CAN 系统中的终端电阻	245-2
20	起动机端子 50 和端子 C 的导通性	136			

❹ 读取电路元件的电压降。

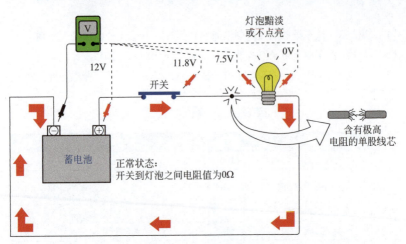

图 18-29　电压降检查

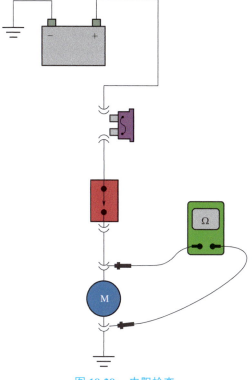

图 18-28　电阻检查

❷ 采用万用表欧姆挡，将两表笔连接到要进行测试的电路导线或元件的两端。

（7）电压降检查（图 18-29）　电压降测试经常被用来寻找元件或电路内是否有过高的电阻。电路中的电压降是由于电路在作用时内部电阻所造成的。不正常的电压降可能由电路导线的直径过细（例如单股线芯）、开关接点锈蚀、电线连接松动等情况导致。

❶ 将电压表的两表笔分别连接到要检测的电路元件两端。
❷ 正极表笔连接到靠近蓄电池正电源的一端。
❸ 负极表笔连接到被检修的电路元件的另一端。

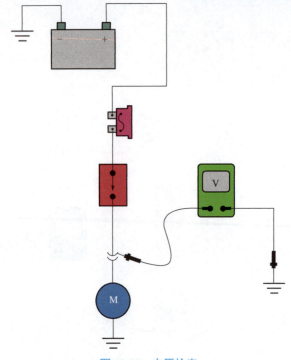

图 18-27 电压检查

 小提示

检查电流时不可拆下负载,不然会造成熔丝的烧毁及检测仪器和线路的损坏。

(6)电阻检查(图 18-28) 测量前需先了解所检修的电路导线或元件的电阻规范值,以正确判断电路导线或元件的好坏。

❶ 拆下被检修电路的熔丝,或拆开蓄电池负极接线柱导线。